# Le traitement juridique du sexe

**5-7, rue de l'Ecole polytechnique, 75005 Paris**

http://www.librairieharmattan.com
diffusion.harmattan@wanadoo.fr
harmattan1@wanadoo.fr

ISBN : 978-2-296-13127-9
EAN : 9782296131279

# Le traitement juridique du sexe

## Actes de la journée d'étude
## de l'Institut d'Etudes de Droit Public
## (IEDP)

## 6 novembre 2009

L'Harmattan

Département de la Recherche

Université Paris-Sud 11 – Faculté Jean Monnet droit, économie, gestion

*Collection* ***Presses Universitaires de Sceaux***
*dirigée par Jérôme Fromageau*

Initiée par le Département de la recherche de la Faculté Jean Monnet de l'Université Paris-Sud 11, cette collection, à destination d'un public élargi, a pour ambition de mieux faire connaître la variété des travaux pluridisciplinaires menés par les centres de recherche et leurs partenaires scientifiques français et étrangers dans les domaines économiques, juridiques et de gestion.

**Déjà parus**

Géraldine GOFFAUX-CALLEBAUT, *Du contrat des sociétés, Essai sur le contrat instrument d'adaptation du droit des sociétés,* 2008

Paul TAVERNIER, *Regards sur les droits de l'Homme en Afrique,* 2008

Jean-François LEMETTRE (eds), *Risque, information et organisation,* 2008

François JULIEN-LAFERRIERE, Dorian GUINARD et Sarah-Marie MAFFESOLI, *Quel sens pour le droit ?*, 2008

David GINOCCHI, Dorian GUINARD, Sarah-Marie MAFFESOLI et Sébastien ROBBE, *Les modèles juridiques français et américain : influences croisées,* 2009

Nathalie GOEDERT, *Etat de droit et droits de l'homme – Echanges de points de vue France – Iran,* 2010

Gratien MOLE MOGOLO, *Le patrimoine des jeunes Eglises en République démocratique du Congo, conditions juridiques de l'autonomie,* 2010

Correcteur : Caroline Schnettler, Université Paris - Sud 11

# Avant-propos

Camille Broyelle,
Professeur de droit public
Directeur de l'Institut d'études de droit public

Quelques mots d'introduction : la tâche est aisée pour celui qui ne peut que se réjouir de la parution des actes de la journée d'études du 6 novembre 2009 consacrée au *Traitement juridique du sexe.*

Les motifs de satisfaction sont en effet multiples. Pour un directeur de centre de recherche, c'est celui de compter parmi ses membres des doctorants que le goût pour la recherche, pour la discussion, la confrontation d'idées a conduit à mettre sur pied, à Sceaux, la *Journée d'études des jeunes chercheurs*. Des doctorants qui se sont attachés non pas à ce que chacun d'entre eux occupe la tribune, mais à susciter une réflexion sur un sujet donné, parmi les jeunes chercheurs de tous horizons. C'est ainsi qu'a été mise en place la formule de « l'appel à contributions », à qui l'on doit la facture particulière de ces journées, singulièrement de celle présentée ici qui, façonnée par ses organisateurs, leur échappe également, comme l'explique fort bien S.-M. Maffesoli dans les pages qui suivent.
Grande satisfaction, également, pour un directeur de centre de recherche de constater qu'au fil des ans, de journées d'études en journées d'études – *Quels sens pour le droit* (2007), *Les modèles juridiques français et américain* (2008), *Le traitement juridique du sexe* (2009), *L'indépendance de la justice* (2010) –, les doctorants devenus docteurs passent le relais aux nouvelles recrues qui pérennisent avec le même engouement cette rencontre annuelle.
Grande satisfaction, enfin, éprouvée par celui qui, impressionné par la qualité des contributions réunies dans le présent ouvrage, se doit de rendre un sincère hommage à leurs auteurs – doctorants, docteurs, maîtres de conférences plus confirmés. Qu'ils soient ici chaleureusement remerciés.

# Présentation

Sarah-Marie Maffesoli,
Doctorante en droit public
Institut d'études de droit public (IEDP)/Paris Sud-XI

Pour la troisième année consécutive, nous nous retrouvons dans cette salle pour la journée d'étude des jeunes chercheurs organisée par l'Institut d'études de droit public. C'est un plaisir de constater que cette initiative qui nous était sans doute apparue à l'époque quelque peu ponctuelle, et certainement beaucoup plus limitée, puisque les intervenants d'alors étaient les doctorants de l'IEDP, a réussi à s'inscrire dans la continuité et, surtout, à s'ouvrir à d'autres horizons, notamment du point de vue disciplinaire, puisque les études qui vous seront présentées aujourd'hui s'intéresseront au traitement juridique du sexe du point de vue du droit public comme privé, mais également de l'histoire.

Avant de revenir plus avant sur le thème de cette journée, je voudrais adresser, au nom du comité d'organisation, quelques remerciements que je ne saurais qualifier de rigueur tant ils sont sincères.

Nous remercions particulièrement le professeur Camille Broyelle, directrice de l'Institut d'Études de Droit Public (IEDP), et le doyen de la Faculté Jean Monnet, Jérôme Fromageau, pour leurs soutien et encouragements répétés, sans lesquels cette journée n'aurait pas pu voir le jour.

Nous tenons également à manifester nos profonds remerciements aux professeurs Véronique Champeil-Desplats, Guillaume Tusseau et Mikhail Xifaras pour avoir accepté de nous faire l'honneur de leur présence aujourd'hui.

Le sexe, comme thème d'une journée d'étude, présente cet avantage d'être d'une actualité sans cesse renouvelée. En effet, le traitement psychiatrique de la transsexualité, les discriminations à l'égard des homosexuels, le refus opposé aux intersexes de participer aux compétitions sportives, la lutte contre la prostitution, ou encore la médiatisation importante des crimes sexuels en attestent.

De fait, Michel Foucault nous a déjà remarquablement décrit cette *Volonté de savoir*[1], à laquelle, d'une manière ou d'une autre, nous participons. Cette volonté de mettre en mots ne saurait bien évidemment masquer la volonté de construire, d'instituer le sexe, de distinguer le bon du mauvais. Mais est-ce là tout ? Nommer c'est normer[2] ; en disant, donc, on normalise. Il est difficile de croire que le mouvement, qui n'est pas seulement politique, mais bien également juridique, s'épuise dans cette entreprise de désignation.

Une anecdote permettrait peut-être d'illustrer ce mouvement. En 1954, ou 1955 selon d'autres sources, Jacques Lacan et Sylvia Bataille acquirent *L'origine du monde* de Courbet et demandèrent à André Masson de peindre un cache, *Terre érotique*. Les explications pour justifier ce geste divergent. On évoque notamment une certaine forme de pudibonderie sociale exprimée par Sylvia Bataille : « les voisins ou la femme de ménage ne comprendraient pas »[3]. Mais l'hypothèse la plus intéressante pour notre propos est celle livrée par Thierry Savatier, dans son histoire de l'origine du monde, qui rapporte comment Lacan choisissait certains de ses hôtes dans sa maison de Guitrancourt pour les amener devant *Terre érotique* et, dans un grand silence, dévoiler *L'origine du monde*[4]. Ce rituel est conforme à l'histoire de ce tableau qui, depuis sa création, est voilé et dévoilé au gré des cérémonies. Il y a quelque chose de cet ordre dans le traitement social du sexe. Le sexe, tabou et totem, qu'il s'agit de masquer ou, au contraire, de désigner au gré des nécessités.

---

[1] M. Foucault, *Histoire de la sexualité I. La volonté de savoir*, Paris, Gallimard, 1976.

[2] Nous empruntons cette expression à Olivier Jouanjan. Voir O. Jouanjan, « Nommer/normer. Droit et langage selon la « Théorie structuante du droit » », in « La dénomination », *Le Temps des savoirs*, n° 1, 2000, Éditions Odile Jacob.

[3] T. Savatier, *L'origine du monde. Histoire d'un tableau de Gustave Courbet*, Paris, Bartillat, 2009 (4ème éd.), p. 176.

[4] *Ibid.*, part. pp. 186-192.

Cette institutionnalisation par le biais notamment de la reconnaissance ou, à l'inverse, du silence imposé a conduit à des oppositions. Donner à voir en public ce qui relève de l'injonction du privé. Pénétration de la sphère publique pour garantir la vie privée. Annie Sprinkle peut être présentée comme une figure paradigmatique de ces réactions, lorsque, en 1990, elle propose sur une scène new-yorkaise une visite de son col de l'utérus à l'aide d'un spéculum[5]. Donner à voir ce qui ne saurait être vu, l'origine du monde. Mais surtout, donner à voir ce que l'on souhaite, comme on le souhaite, indépendamment des assignations, désignations, et donc de la normalisation.

Or le droit participe à cette entreprise d'institutionnalisation du sexe, notamment en reconnaissant un statut juridique à certaines situations tout en le déniant à d'autres. Cette dynamique ne va d'ailleurs pas sans susciter de multiples réactions, au travers notamment de la revendication d'un droit à la différence ou à l'indifférence – mais n'est-ce pas la même chose.

Parce que le traitement juridique du sexe n'est jamais ni politiquement ni idéologiquement neutre. C'est un révélateur des représentations dominantes, notamment sur les questions fondamentales de l'égalité et de la liberté des individus.

C'est donc, cette fois, la volonté de comprendre ce que le droit pouvait nous révéler des conceptions philosophiques et politiques qui nous a conduits à retenir ce thème. Mais quel thème ?

Quand nous avons réfléchi à l'appel à contribution, il nous est immédiatement apparu nécessaire de définir, ou pour le moins de préciser ce que nous entendions par sexe. S'agissait-il du genre, de la sexualité ? Il était assez évident que cela pouvait désigner les deux. Mais cela ne résolvait en rien la question de ce qui pouvait être rattaché au genre ou à la sexualité. Le mariage est-il uniquement une question de genre, ou interroge-t-il également la normalisation de la sexualité, par le biais d'une monogamie imposée notamment ? Dans cette perspective, pouvait-on y inscrire la problématique de la filiation, et le cas échéant, devait-on la

---

[5] A. Sprinkle, *Post-porn modernist. My 25 years as a Multimedia Whore*, Cleis Press Inc., San Francisco, 1998, pp. 160-169.

limiter à la question du genre, alors même que tout l'*instrumentum* juridique qui l'entoure s'efforce de l'inscrire dans la naturalité de la reproduction, et donc bien de l'acte sexuel ?

Peut-être qu'après tout, la distinction entre genre et sexualité n'est qu'une fiction, ce que nous montre d'une certaine manière Daniel Borrillo en rapprochant les problématiques du sexisme et de l'homophobie[6].

Témoignant essentiellement d'une volonté de cohérence bien sûr, mais également de rationalisation, cette journée, et la manière dont elle s'est agencée, presque malgré nous, illustre de manière paradigmatique l'impossibilité qu'il y a à dissocier genre et sexualité. Notamment parce que le genre est porteur d'un tel imaginaire que sa construction assigne *ipso facto* à une sexualité, comme nous le montre Duncan Kennedy dans *Sexy Dressing*[7]. Et, en même temps, n'est-ce pas initialement la sexualité, ou plus exactement la reproduction, et donc la filiation, qui assigne à un genre : seul le ventre est sûr…

C'est cette intuition que nous avions qu'il n'était pas possible de scinder les problématiques du genre et de la sexualité qui a naturellement milité pour que nous abordions les deux de front. C'est donc au travers d'une dynamique de clair-obscur que nous vous proposons à la lecture des contributions tant sur le sexe institutionnalisé, médicalisé que pénalisé et défavorisé.

---

[6] D. Borrillo, *Le droit des sexualités*, Paris, PUF, 2009, p. 73 suiv.

[7] D. Kennedy, *Sexy Dressing. Violences sexuelles et érotisation de la domination*, Paris, Champs Flammarion, 2008.

# Partie 1 : Le sexe institutionnalisé

## Le mariage à l'épreuve du transsexualisme

Alice Fretin,
Assistante doctorante
Centre de Recherche sur les Relations entre le Risque et le Droit (C3RD, FLD Lille)
Centre de Recherche Juridique et Judiciaire de l'Ouest (CRJO Université Rennes 1)

Le thème de la journée le prouve, le traitement juridique du sexe est une notion délicate. Délicate car le sexe lui-même est une notion complexe. De prime abord, le sexe est une notion unique. Chacun né homme ou femme, son sexe étant indiqué comme tel par l'officier d'état civil sur l'acte de naissance.

Toutefois, d'un point de vue médical, la polysémie est certaine. Les professionnels de santé expliqueront qu'un individu possède un sexe génétique, un sexe hormonal, un sexe anatomique ou apparent et enfin un sexe psychosocial ou psychologique, sous-entendu comportemental. Dans une majorité des cas, ces différents sexes sont en harmonie et aucun problème ne se pose quant à la détermination du sexe.

Très rarement, il arrive que cette correspondance ne soit pas parfaite. C'est le cas de l'hermaphrodisme, de l'intersexualité qui découle d'anomalies physiques, hormonales ou génétiques mais c'est également l'hypothèse du transsexualisme.

En terme médical, le transsexualisme se définit comme la discordance entre le sexe anatomique et le sexe psychologique. Il s'agit du sentiment profond et irréversible d'appartenance au sexe opposé.

De 1952, date officielle de la première intervention médico-chirurgicale de réassignation sexuelle réussie, à aujourd'hui, le traitement médical, juridique, sociétal du transsexualisme a considérablement évolué.

La première grande évolution résulta d'un changement de mentalité quant à la perception du transsexualisme, autrefois perçu comme une perversion ; aujourd'hui considéré par une grande majorité comme une maladie, le syndrome de dysphorie de genre plus communément appelé le syndrome de Benjamin. La communauté scientifique est divisée sur la qualification du transsexualisme. Néanmoins, et ce n'est pas le débat qui nous intéresse en tant que juriste, tous s'accordent à dire qu'il est très difficile d'expliquer ce sentiment profond et irréversible.

Il faut toutefois émettre une réserve sur cette évolution car la perception du corps médical n'est pas véritablement analogue à la perception de la population. Comme le résume si bien Marcela Iacub, les anciens « pervers » et « dégénérés » sont devenus aux yeux de la société « des minorités discriminées » recherchant à obtenir des Etats les mêmes droits que les majorités « normales »[8].

Cette reconnaissance passe bien évidemment par la possibilité de modifier son état civil tant en ce qui concerne la mention du sexe que le prénom.

En 1989, l'assemblée parlementaire du Conseil de l'Europe émet une recommandation, qui n'a rappelons-le aucune valeur contraignante, suggérant aux Etats de déterminer dans un texte législatif les modalités de rectification de la mention du sexe en cas de transsexualisme irréversible[9].

De nombreux Etats inspirés de cette recommandation, ou même avant pour certains comme la Suède, l'Allemagne ou l'Italie qui avaient déjà légiféré, décident de prendre des dispositions législatives permettant une telle modification[10]. D'autres règlent cette situation en adoptant des dispositions réglementaires à l'instar de l'Autriche[11].

En France, aucune disposition législative ou réglementaire n'a été adoptée, laissant à la jurisprudence le soin d'y répondre. Dès 1982, Henri Cavaillet avait pourtant tenté de faire adopter une loi tendant à autoriser les traitements médico-chirurgicaux pour les

---

[8] Iacub (M.) in Rapport Haute Autorité de Santé, *situation actuelle et perspectives d'évolution de la prise en charge médicale du transsexualisme en France*, VCP, Avril 2009.

[9] Recommandation 1117 de l'Assemblée Parlementaire du Conseil de l'Europe relative à la condition des transsexuels, 1989.

[10] Allemagne : Transsexuellengesetz vom 10 September 1980, BGBI. I s. 1654, Italie : loi n°164 du 14 avril 1982.

[11] Circulaire Ministère de l'intérieur du 18 juillet 1983 modifiée par celle du 27 novembre 1996.

anormalités de la transsexualité et à reconnaître le changement d'état civil des transsexuels[12] ; mais ce projet ne fut même pas examiné. Les tribunaux français, quant à eux, se sont fermement opposés à une telle modification, se rangeant derrière le principe d'indisponibilité d'état des personnes. En 1990, la Cour de cassation réaffirme avec force dans 4 arrêts que « *le transsexualisme, même lorsqu'il est médicalement reconnu ne peut s'analyser en un véritable changement de sexe* »[13].

Certains légitiment le silence du législateur par le très faible nombre de personnes atteintes d'une dysphorie de genre. Outre le manque de pertinence de l'argument, qui revient à se désintéresser des minorités, il convient de répondre qu'aucune donnée chiffrée fiable, tant au plan national qu'international, n'est connue. L'assurance maladie atteste qu'environ une centaine de personnes réclament par an une prise en charge médicale. A ce chiffre, il faut toutefois ajouter les patients qui se font opérer à l'étranger, et ils sont nombreux, mais également les personnes qui ne souhaitent pas être opérées[14]. Les associations de transsexuels françaises dénombrent plus de 50.000 personnes atteintes de dysphorie de genre. Le site du ministère de la santé le chiffre quant à lui à 10.000 environ.

Ainsi, en 1990, pour la première chambre civile, la question du transsexualisme semblait définitivement réglée. Elle ne le fut cependant que pendant deux ans car la France fut condamnée en 1992 par la Cour européenne sur le fondement de la vie privée dans la célèbre affaire Botella c. France, forçant les tribunaux à repenser leurs positions sous peine d'être à nouveau condamnée. Ainsi, quelques mois après cette condamnation, la Cour de cassation, réunie en Assemblée Plénière, décida que « *lorsque, à la suite d'un traitement médico-chirurgical subi dans un but thérapeutique, une personne présentant le syndrome du transsexualisme ne possède plus tous les caractères de son sexe d'origine et a pris une*

---

[12] Proposition de loi, tendant à autoriser les traitements médico-chirurgicaux pour les anormalités de la transsexualité et à reconnaître le changement d'état civil des transsexuels [n° 260 (81-82)] (9 avril 1982).

[13] Civ., 1ère, 21 mai 1990, l.C.P. 1990 II 21588.

[14] Mascret (C.), *Les aspects juridiques liés à la prise en charge du transsexualisme en France*, RDSS 2008 p.497.

*apparence physique la rapprochant de l'autre sexe, auquel correspond son comportement social. Le principe du respect dû à la vie privée justifie alors que l'état civil indique désormais le sexe dont la personne a l'apparence »*[15]/[16].

Les difficultés liées au changement d'état civil ne sont toutefois pas toutes derrière nous. Encadrée à l'article 14 de la convention européenne de sauvegarde des droits de l'homme et des libertés fondamentales ainsi qu'au sein de chaque pays européen, une législation très stricte prohibant tous types de discriminations fondées sur le sexe existe. Fortes de ces dispositions, certaines personnes transsexuelles ont jugé discriminatoire l'exigence d'intervention chirurgicale pour obtenir un changement d'état civil. En effet, il semblerait que seulement 10% des personnes souffrant d'une dysphorie de genre procède à une réassignation sexuelle complète. La chirurgie, acte médical invasif, serait-elle « un passage obligé » ? La Cour d'appel de Rennes, soucieuse de cette difficulté, a octroyé, malgré l'exigence fixée par la décision d'Assemblée Plénière de la Cour de cassation, le changement d'état civil à une personne qui, pour des raisons médicales, ne pouvait subir une telle intervention[17]. En l'absence de texte, cette modification s'opère selon l'appréciation des tribunaux français entraînant un autre type de discrimination[18]. Le transsexuel ne pouvait en l'espèce pas être opéré. Qu'en est-il des personnes qui, pour des raisons personnelles, ne souhaiteraient pas se faire opérer ?

Les sites internet tout public, qui relatent des conditions à remplir pour l'obtention d'un changement judiciaire d'état civil, témoignent de cette discordance judiciaire. Ils relèvent que, selon les régions, les magistrats dérogent plus ou moins facilement aux conditions fixées par l'arrêt de 1992.

Cette discrimination a été combattue en Espagne par l'adoption d'une loi relative à l'identité de genre qui permet une modification

---

[15] CEDH 25 mars 1992, Botella c. France, série A n°213c.

[16] AP 11 décembre 1992, Bulletin des arrêts de la Cour de cassation, 1er février 1993, n°13, p.27.

[17] Cour d'appel de Rennes, 26 octobre 1998, n° 9707389.

[18] Pour un exemple de refus : Cour d'appel de Nancy, 14 novembre 2003, BICC, n°599.

de l'état civil sur simple certificat médical attestant de la dysphorie de genre et après un traitement médical de deux ans[19]. Il est fort probable que cette disposition soit suivie par d'autres pays européens[20].

De la question de la modification de l'état civil découle naturellement la partie institutionnelle, à savoir la reconnaissance de l'aptitude matrimoniale du transsexuel.

Les partisans du mariage homosexuel, à l'instar des époux de Bègles, défendaient leur cause en se servant de l'imprécision du code civil quant à l'exigence d'une altérité sexuelle[21]. La question était alors de savoir si deux personnes génétiquement et morphologiquement de même sexe pouvaient s'unir par les liens du mariage.

Le problème est double et se pose en des termes quelques peu différents pour le mariage des transsexuels. Il s'agit de savoir si deux personnes génétiquement de même sexe mais morphologiquement de sexe différents après une opération de réassignation sexuelle peuvent se marier (I). Mais, il s'agit également de s'interroger sur la poursuite d'une union malgré une conversion sexuelle aboutissant ainsi à un mariage homosexuel. Autrement dit, quel est le sort du mariage lorsqu'un des époux change de sexe? (II)

## I – Le droit de se marier pour les transsexuels

Question délicate hier, l'octroi d'un tel droit ne crée plus réellement de difficultés aujourd'hui (A). Les points d'achoppements se cristallisent désormais sur la possible application de tous les effets du mariage en droit français aux transsexuels notamment en matière de filiation (B).

---

[19] Loi du 15 mars 2007.

[20] En Belgique, une loi du 10 mai 2007, entrée en vigueur le 1er septembre 2007 permet la modification de l'état civil si la personne détient une déclaration d'un psychiatre et qu'un chirurgien atteste que l'intéressé a subi « une réassignation sexuelle dans toute la mesure de ce qui est possible et justifié du point de vue médical ».

[21] Civ. 1ère, 13 mars 2007 n°05-16627, Publié au bulletin : selon la loi française, le mariage est l'union d'un homme et d'une femme.

### A. Le droit au mariage des transsexuels, une difficulté résolue

La question du droit au mariage des transsexuels ne s'est pas concrètement posée en France. En effet, à partir du moment où les actes d'état civil font mention que les époux sont homme et femme, le maire ne peut refuser de célébrer le mariage. Ainsi, des personnes biologiquement, génétiquement de même sexe peuvent tout à fait se marier.

La question a toutefois été débattue dans d'autres pays européens. La jurisprudence de la Cour européenne des droits de l'homme a sur ce point évolué. Dans l'affaire Rees de 1986[22], Cossey de 1990[23], la Cour a estimé que l'article 12 de la convention européenne de sauvegarde des droits de l'homme et des libertés fondamentales qui consacre un droit au mariage vise le mariage de deux personnes de sexes biologiques différents. Elle laisse alors le choix aux Etats contractants de réglementer par des lois l'exercice du droit de se marier.

Toutefois en 2002, dans l'affaire *Goodwin c/ RU* la Cour européenne opère un revirement de jurisprudence en estimant qu'on ne peut continuer à admettre que l'appréciation du sexe ne se fasse uniquement que sur des critères biologiques[24]. Certains avançaient l'idée selon laquelle les transsexuels n'étaient pas privés du droit de se marier car rien ne les empêchait d'épouser une personne de sexe génétique différent. La Cour juge cet argument totalement artificiel et précise qu'aucune raison ne justifie plus de priver en toutes circonstances les transsexuels du droit de se marier[25].

---

[22] Affaire Rees c/ RU, 10 octobre 1986, requête n°9532/81.

[23] Cossey c/ RU, 27 septembre 1990, requête n°10843/84.

[24] Affaire Ch. Goodwin c/ RU 11 juillet 2002, requête n° 28957/95.

[25] « S'il appartient à l'Etat contractant de déterminer, notamment, les conditions que doit remplir une personne transsexuelle qui revendique la reconnaissance juridique de sa nouvelle identité sexuelle pour établir que sa conversion sexuelle a bien été opérée et les formalités applicables à un futur mariage (par exemple les informations à fournir aux futurs époux), la Cour ne voit aucune raison justifiant que les transsexuels soient privés

Il faut, par souci d'exhaustivité, évoquer la situation de la personne qui se marie à une personne transsexuelle sans s'être rendu compte de la réassignation sexuelle de son conjoint. La personne qui a subi une réassignation sexuelle est-elle tenue d'informer son futur conjoint de ce changement de sexe ? Rien ne semble *a priori* l'y contraindre.

Pourtant, l'heure de la transparence et de la bonne foi en période précontractuelle retentit avec force depuis quelques années. La réticence « dolosive » pendant la période dite des « fiançailles » ne pourrait-elle pas être assimilée à un manquement à l'obligation de bonne foi au cours de la période précontractuelle ?

Aussi tentante qu'elle puisse être, une telle responsabilité éluderait certainement un peu trop rapidement Antoine Loysel et son célèbre « *en mariage, trompe qui peut* ».

Comme certains le préconisent déjà depuis longtemps, le moment ne serait-il pas venu d'instaurer une obligation de sincérité entre les époux[26] ? La loi du 4 avril 2006 ajoute, ou plutôt précise à l'article 212 du code civil que les époux se doivent mutuellement le respect[27] ; cette obligation pendant le mariage ne pourrait-elle pas être étendue à une certaine période s'écoulant avant le mariage ? Ce devoir de sincérité pourrait ainsi englober toutes les questions relatives au sexe et particulièrement susceptibles de mettre à mal le mariage dès la nuit de noces (absence de virginité[28], réassignation sexuelle…)

Sans entrer dans les débats récurrents sur la nature du mariage, cette absence de responsabilité semble être un exemple topique de la primauté de la part institutionnelle du mariage.

On peut toutefois postérieurement à la célébration du mariage se demander si le mariage peut être annulé en cas de mensonge ou de réticence dolosive ? En matière de mariage, il n'est guère

---

en toutes circonstances du droit de se marier. Elle conclut qu'il y a eu violation de l'article 12 ».

[26] Guyon (V.Y), *De l'obligation de sincérité dans le mariage* : RTD civ. 1964, p. 473.

[27] La loi n°2006-399 du 4 avril 2006 renforçant la prévention et la répression des violences au sein du couple ou commises contre les mineurs.

[28] TGI Lille, ch. 1, 1er avril 2008, n° 07/08458.

possible d'invoquer le dol, vice du consentement. Il est toutefois envisageable, comme le prévoit l'article 180 alinéa 2 du code civil, d'invoquer l'erreur sur la personne ou sur les qualités essentielles de celle-ci. On pourrait aisément estimer qu'il s'agisse d'une véritable erreur sur la personne puisqu'il s'agit d'un élément de son état civil et il semblerait donc raisonnable que la personne qui n'était pas au courant de cette transformation, et qui n'aurait pas contracté mariage si elle l'avait été, puisse obtenir l'annulation de son mariage. A notre connaissance, aucune demande de nullité n'a été effectuée sur ce fondement à ce jour en France.

La reconnaissance pour une personne transsexuelle du droit de se marier conduit inéluctablement à s'interroger sur les effets de ce mariage sur les droits parentaux des couples mariés.

### B. Rapports parentaux et transsexualisme

La première difficulté, souvent citée comme cas d'école, consiste à se demander si l'on peut octroyer à un couple (dont un membre est un transsexuel opéré) l'accès à l'assistance médicale à la procréation ?

Aujourd'hui, les avis divergent sur cette question. De prime abord, il semble que rien n'interdise une telle pratique. Toutefois, l'assistance médicale à la procréation n'a vocation qu'à remédier à l'infertilité[29]. Partant de cela, peut-on vraiment considérer remédier à une infertilité lorsqu'une personne a bénéficié d'une intervention chirurgicale de réassignation sexuelle. A titre illustratif, une femme ou un homme qui ont souhaité à un moment T une stérilisation contraceptive n'auront plus par la suite l'opportunité de solliciter une assistance médicale à la procréation s'ils changent d'avis. La personne qui a subi une conversion sexuelle est-elle dans le même cas ? Effectivement, personne ne l'a forcée à subir une telle intervention et elle a ainsi choisi de ne plus avoir d'enfant. Mais peut-on reprocher à quelqu'un de traiter un syndrome ? Il est dès lors loisible de constater que le traitement juridique du transsexualisme se cristallise toujours autour de la qualification du caractère pathologique de ce syndrome.

---

[29] Article L. 2141-2 du Code de la Santé publique.

Il faut rappeler que presque l'intégralité des pays européens, excepté la France qui ne s'est jamais prononcée sur cette question, exige pour modifier l'état civil d'une personne que cette dernière n'ait plus la capacité de procréer. Ainsi, il serait difficilement concevable de retrouver en Europe une situation semblable à celle des Etats-Unis où un transsexuel (de femme à homme) qui avait gardé son utérus a porté l'enfant de sa compagne qui elle ne pouvait pas porter d'enfant. L'époux ayant alors servi de « mère porteuse ».

Le droit de la filiation implique aussi de se demander si une femme devenue homme dispose du droit de reconnaître un enfant en tant que père ?

Encore une fois *a priori* rien ne l'empêche. Pourtant, la Cour européenne dans l'affaire X.Y.Z c/RU en 1997 s'est vu soumettre le problème. Le Royaume-Uni a refusé qu'une femme devenue homme reconnaisse l'enfant de sa compagne issu d'une procréation médicalement assistée au motif qu'aucune règle ne permettait d'établir la paternité d'une personne qui ne serait pas de sexe biologiquement masculin. Le couple estimait ainsi que le Royaume-Uni violait l'article 8 de la convention européenne de sauvegarde des droits de l'homme et des libertés fondamentales. L'argumentation de la Cour est éloquente : « *dès lors que les questions soulevées touchent à des domaines où il n'y a guère de communauté de vues entre les Etats membres du Conseil de l'Europe, et où de manière générale, le droit semble traverser une phase de transition, il y a lieu d'accorder à l'Etat défendeur une large marge d'appréciation* ». Dix ans après, la question n'ayant toujours pas été résolue, cet état transitoire semble perdurer. Pourtant, dans l'affaire Godwin, en 2002, la Cour européenne relevait qu' « *il existe des éléments clairs et incontestés montrant une tendance internationale continue non seulement vers une acceptation sociale accrue des transsexuels mais aussi vers la reconnaissance juridique de la nouvelle identité sexuelle des transsexuels opérés* »[30].

---

[30] Affaire Ch. Goodwin c/ RU 11 juillet 2002, requête n° 28957/95.

Généralement, les juridictions françaises considèrent que la reconnaissance de paternité établie par un transsexuel est nulle[31].

Il est donc loisible de constater que, dans les rapports de couple, seul le nouveau sexe du transsexuel sera pris en compte alors que, dans les rapports parentaux, le sexe d'origine n'est pas totalement occulté.

Une question aujourd'hui se pose également avec acuité au sein de la doctrine. Elle concerne le traitement juridique du transsexualisme dans l'hypothèse d'une personne réassignée sexuellement au cours de son mariage. Le changement de sexe efface-t-il les liens du mariage ?

## II – Conversion sexuelle et maintien du mariage

Etudier le mariage des transsexuels conduit également à s'interroger sur le maintien dans les liens du mariage d'un transsexuel réassigné et notamment les réticences des différents pays européens à l'octroi d'une telle possibilité (A) mais aussi les évolutions récentes et potentielles sur ce point (B).

### A. Le délicat maintien du mariage du transsexuel réassigné sexuellement

Dans la plupart des pays européens le sort du mariage d'un transsexuel ne pose pas en soi de difficultés en raison des conditions fixées pour obtenir un changement d'état civil. En effet, cette modification ne sera permise que si la personne n'est plus présentement mariée, si son mariage est dissous. En Grèce par exemple, le mariage est considéré comme inexistant[32].

---

[31] Civ.1ère, 18 mai 2005, AJ Famille, 2005 p.321 confirmant Cour d'appel d'Aix en Provence, 12 mars 2002, D.2003 p.1528 : la Cour de Cassation se fonde notamment sur l'inapplication de l'article 311-20 du code civil au moment des faits. Cela voudrait-il dire qu'a contrario cette reconnaissance serait aujourd'hui valable ?

[32] Haute Autorité de Santé, Situation actuelle et perspectives d'évolution de la prise en charge du transsexualisme, Service évaluation des pratiques professionnelles, avril 2009.

Cette question même si elle reste anecdotique en France soulève toutefois des difficultés en pratique en raison de la carence législative et réglementaire sur ce point.

Tout d'abord, Il faut souligner que certains professionnels de santé refusent d'opérer une personne transsexuelle si celle-ci est mariée ou qu'elle a des enfants mineurs. La clause de conscience, d'utilisation courante pour les avortements, trouve également à s'appliquer en pratique pour les opérations de conversion sexuelle[33].

Outre ces difficultés de prise en charge médicale on peut se demander, en France, ce que devient le mariage antérieurement contracté entre un homme et une femme lorsque l'un d'eux change de sexe et adopte celui de son conjoint ?

Tous les auteurs et praticiens s'accordent sur un point : ce mariage ne peut perdurer. Il reviendrait ainsi à tolérer la poursuite d'un mariage homosexuel. Comment mettre fin à ce mariage sans dénaturer les règles de droit applicables ?

Plusieurs mécanismes, instruments juridiques permettent de mettre fin à cette union. Malheureusement aucun de ces derniers ne correspond parfaitement à la situation.

Le mécanisme de la nullité a généralement été invoqué pour résoudre cette difficulté. Elle rencontre toutefois un obstacle majeur. Cette dernière sanctionne l'invalidité d'un acte par manque d'une formalité ou d'un élément essentiel au jour de la formation du contrat. L'altérité est évidemment une condition essentielle du mariage en France[34]. Or, au jour de la formation du mariage, les époux étaient de sexes différents. La nullité ne peut donc être à bon escient invoquée sauf à créer un cas de nullité précis.

---

[33] Article 47 du code de déontologie médicale, Décision n°2001-446 du 27 juin 2001 du Conseil Constitutionnel qui élève la liberté de conscience au rang de principe fondamental reconnu par les lois de la République.

[34] Même si la 1ère chambre civile le 13 mars 2007 affirme que « selon la loi française, le mariage est l'union d'un homme et d'une femme », le code civil ne conditionne pas expressément l'institution du mariage à l'union d'un homme et d'une femme suscitant des controverses entre les partisans du mariage homosexuel et les partisans d'une interprétation téléologique de la loi.

Se fondant sur la nature contractuelle du mariage et l'article 1134 du code civil certains ont avancé l'idée qu'il serait envisageable de révoquer le mariage d'un commun accord. Toutefois, comme il a déjà été évoqué, même si le mariage est effectivement un contrat il est avant tout une institution rendant ainsi inconcevable une telle démarche au risque d'entamer l'ordre public familial[35].

La résiliation est régulièrement utilisée pour les contrats à exécution successive. Or, le contrat de mariage n'est-il pas une des meilleures illustrations de celui-ci ? En effet, le mariage génère tout au long de celui-ci des devoirs et obligations. Reste toutefois la question des dommages et intérêts pour l'époux lésé.

Il est évident que la plupart de ces difficultés se règlent avec un divorce par consentement mutuel ou pour rupture de la vie commune. Cette solution reste la plus adéquate en cas d'accord des parties. Néanmoins, il est possible que l'époux qui subit la conversion sexuelle de son conjoint se sente fortement lésé et ne se contente pas d'un divorce gracieux.

Face à ces difficultés théoriques, les magistrats ont tenté « tant bien que mal » d'y faire face en utilisant le divorce pour faute prévu à l'article 242 du code civil.

La Cour d'Appel de Nîmes, en 2000, pour la première fois, prononce un divorce pour transsexualisme aux torts exclusifs du conjoint transsexuel. Elle affirme que la mutilation volontaire constitue une faute et représente de surcroit une insulte à son épouse[36]. Le transsexualisme serait ainsi considéré comme une faute constitutive de divorce. Certains l'analysent même comme une nouvelle forme de cause péremptoire de divorce[37].

Cette décision est bien sûr contestable au regard des conditions requises pour prononcer un divorce pour faute. Il incombe en effet aux parties de prouver l'imputabilité de la faute. Or, on en revient

---

[35] Meulders-Klein (M-T), *La personne, la famille, le droit,* 1999, Bruylant-LGDJ, *L'évolution du mariage et le sens de l'histoire : de l'institution au contrat et au-delà.*

[36] CA Nîmes, 7 juin 2000 : Dr. *famille* 2001, note H. Lécuyer ; Petites affiches 12 avril 2001, p. 20, obs. J. Massip.

[37] Mauger-Vielpeau (L.), JurisClasseur *Divorce*, Fasc. 85 : Cas de divorce, 5 mars 2003.

toujours au même problème : le transsexualisme étant considéré comme une maladie peut-on la reprocher à une personne au cours d'une procédure de divorce. L'imputabilité ne fait-elle pas ici défaut ?

De façon plus modérée, le TGI de Caen en 2001 considère que « *le transsexualisme qui n'est pas contraire au droit français, lequel admet, dans ce cas, la modification d'état civil, n'est pas constitutif d'une faute* ». La faute résulte de l'absence de prise en compte des implications conjugales générées par le nouveau statut du mari désormais privé de ses attributs masculins. Il justifie l'octroi de dommages et intérêts au motif que « les difficultés liées au transsexualisme ne sauraient autoriser celui ou celle qui les subit à s'enfermer dans un comportement égocentrique, sans tenir compte de sa vie de famille, sans se préoccuper de la place de son conjoint dans sa nouvelle existence en lui imposant un changement radical dans ses conditions de vie »[38].

Le tribunal a ici fait un choix : celui de privilégier les droits de la femme sur la maladie du mari. Une telle décision n'est guère surprenante au regard des faits notamment (les époux étaient mariés depuis plus de 40 ans). Elle semble toutefois juridiquement contestable à défaut d'imputabilité de la faute.

Plus anecdotiquement, la Cour d'appel d'Orléans a récemment prononcé un divorce aux torts exclusifs du mari qui, outre des liaisons homosexuelles, s'est livré à des pratiques destinées à lui faire acquérir certains caractères sexuels féminins[39].

Une autre solution ne serait-elle pas préférable d'un point de vue juridique ? Certains auteurs souhaitent « rénover » le concept de caducité et l'appliquer dans ce cas précis. L'usage linguistique courant le définit comme l'état d'un acte juridique valable mais privé d'effet en raison de la survenance d'un fait postérieurement à sa création. Cette notion reste pour la plupart assez floue ce qui explique les réticences des professionnels à son utilisation. Elle n'a

---

[38] TGI Caen, 28 mai 2001, n°2001-162327 : D. 2002, p. 124, note L. Mauger-Vielpeau ; Dr. famille 2002, comm. 42, note H. Lécuyer.

[39] Mauger-Vielpeau (L.), *l'admission de la preuve de la faute par mail* in l'essentiel droit de la famille et des personnes, 20 septembre 2009, n°5, p.5, CA Orléans, 24 février 2009, RG n° O8/00134.

de surcroit jamais été utilisée en droit de la famille. Néanmoins, sa définition répond parfaitement au problème posé.

Les magistrats, en l'absence de toute disposition législative ou réglementaire, tentent de remédier à cette difficulté en ne permettant pas une modification du sexe à l'état civil tant que la personne réassignée sexuellement ne met pas fin à son mariage. Ainsi, en pratique une personne transsexuelle (ayant l'apparence de l'autre sexe sans pour autant avoir un changement de sexe sur son état civil) peut être mariée à une personne de même sexe.

En dehors de ces cas, et face à la contestation militante des transgenres[40], il est possible d'envisager, même si cette situation semble extrêmement rare, que des personnes ayant subi une réassignation sexuelle et qui auront donc au sein d'un couple la même apparence ne sollicite pas une modification d'état civil afin de ne pas mettre en danger leur union ? Ainsi, pour la population un couple d'apparence « homosexuelle » sera marié.

En effet, des couples peuvent vouloir rester unis malgré la conversion sexuelle.

La Cour d'appel de Caen, en 2003, dans un arrêt infirmatif, et malgré l'avis du ministère public, a admis la modification de l'état civil de la personne qui a suivi le traitement médico-chirurgical de conversion sexuelle malgré son statut matrimonial[41]. Notons que le mariage est intervenu très peu de temps avant la demande de modification de l'état civil[42]. La Cour considère « *que l'ordre public, qui tend à faire prévaloir le respect des droits individuels sur la défense des institutions et qui accepte que le transsexualisme puisse justifier la rectification de l'état civil, n'est pas affecté et troublé par la coexistence chez une même personne, à un moment donné, d'une appartenance au sexe féminin et du statut de conjoint d'une femme* »[43]. L'aptitude matrimoniale des personnes

---

[40] CA Versailles 8 juillet 2005, n° 05-04694, Actualité Juridique Famille 2005 p. 322, Opposition à mariage entre un transsexuel et un transgenre pour défaut d'intention matrimoniale.

[41] Cour d'appel de Caen, 12 juin 2003, non publié.

[42] L'intervention chirurgicale de réassignation sexuelle est intervenue le 18 mars 2002. Le mariage a été célébré le 22 décembre 2001.

[43] Mauger-Vielpeau (L.), *le transsexualisme et le code civil*, Droit de la famille n° 9, Septembre 2005, étude 18.

transsexuelles se révèle ainsi paradoxale : dans l'hypothèse du droit au mariage des transsexuels, ces derniers se prévalent du droit au respect de la vie privée et par conséquent de la primauté du sexe apparent. D'un autre côté, les époux qui souhaitent rester mariés mettent également en exergue le droit à la vie privée afin que les magistrats retiennent la prévalence du sexe biologique. Néanmoins, une fois n'est pas coutume, la jurisprudence n'est guère uniforme.

### B. Vers une modification de législation au niveau européen

Il n'est pas évident que la Cour Européenne maintienne cette position. Il convient tout d'abord d'évoquer la décision de la Cour en date du 28 novembre 2006[44]. Dans deux affaires relevant du droit anglais et britannique, des époux, après avoir subi une conversion sexuelle, souhaitaient rester mariés. La loi britannique de 2004 est claire à ce sujet : elle admet le changement d'état civil mais précise que le demandeur marié ne pourra recevoir qu'un certificat provisoire pouvant être utilisé pour un divorce[45]. Un choix s'impose : rester marié et ne pas obtenir son changement d'état civil ou à l'inverse divorcer pour obtenir un changement d'état civil. Ce choix peut sembler cornélien : en effet, les personnes qui au terme d'un long processus médical changent physiquement d'apparence ont généralement le désir profond d'aller jusqu'au bout du processus et d'obtenir la modification de leur état civil. Ils n'ont toutefois pas forcément envie de mettre fin à leur union pour autant.

En l'espèce aucun des deux couples ne souhaitaient divorcer pour des raisons religieuses ou pécuniaires. Ils souhaitaient ainsi que les magistrats leur laissent la possibilité de maintenir leur statut matrimonial. Les autorités britanniques n'ont pas fait droit à leurs demandes par peur d'entrouvrir la brèche aux couples homosexuels. Le but n'était pas, selon eux, de créer une forme de mariage *sui generis*.

---

[44] CEDH, IV, Wenna and Anita Parry c/RU, 28 novembre 2006, requête n°42971/05.
[45] The Gender Recognition Act 2004.

La Cour européenne saisie par les époux déclare irrecevables leurs requêtes sur le fondement des articles 8 et 12 de la convention européenne. Elle estime que chaque pays est libre de permettre, selon la conception qu'il a du mariage, d'autoriser le mariage de deux personnes de même sexe, mais qu'il ne s'agit pas d'une obligation pour les Etats membres. Elle souligne en outre qu'on ne peut exiger d'un pays qu'il opère quelques aménagements pour les transsexuels qui souhaiteraient rester mariés.

Néanmoins, elle relève que la discrimination créée par la législation britannique n'est pas jugée disproportionnée à partir du moment où un « *partenaireship* » est prévu permettant aux couples de même sexe de bénéficier quasiment des mêmes protections et avantages accordés aux époux. Grâce au PACS, la solution aurait ainsi été certainement la même en France. La poursuite du raisonnement de la Cour est intéressante. Celle-ci sous entendait-elle qu'en l'absence de dispositions internes permettant l'union civile d'un couple homosexuel une condamnation aurait été envisagée ? La question reste ouverte.

Si la fin du mariage semble aller de soi pour beaucoup, quelques pays européens s'orientent aujourd'hui vers une autre solution.

En effet, la Cour Constitutionnelle autrichienne a accordé à une femme transsexuelle le droit de devenir une femme civilement tout en restant marié à son épouse. Elle estime que la rectification sur l'acte de naissance du sexe ne peut être empêchée par le mariage[46].

Pareillement, La Cour Constitutionnelle allemande, fin mai 2008, a laissé quelques mois au gouvernement pour modifier sa législation[47].

Les deux Cours se justifient très clairement en précisant qu'il est plus important de protéger tous les individus sans exception contre un divorce forcé par l'Etat que d'avoir quelques rares cas où ce principe conduit à des mariages de même sexe.

Ainsi, un transsexuel allemand de 79 ans, devenu une femme en 2002, à la suite d'une opération, a obtenu le 26 juillet 2008 de la justice allemande qu'elle reconnaissance son changement de sexe,

---

[46] Cour Constitutionnelle autrichienne, 18 décembre 2006.
[47] Cour Constitutionnelle allemande, 27 mai 2008.

tout en l'autorisant à rester marié avec la femme qu'elle a épousée 56 ans auparavant. Exactement un an après, suivant les instructions de la Cour Constitutionnelle allemande, la législation allemande est modifiée pour permettre le changement d'état civil d'une personne réassignée sexuellement malgré son statut matrimonial[48].

Ces décisions sont d'autant plus importantes qu'aucun de ces pays n'autorise le mariage homosexuel. Dans les cinq pays européens actuels autorisant le mariage homosexuel, la question se pose nécessairement avec beaucoup moins d'acuité[49].

La Cour européenne a toujours insufflé en Europe des changements de législation interne concernant le droit des transsexuels. La communauté transsexuelle se réjouit bien sûr de cette évolution de jurisprudence mais compte également beaucoup sur l'influence de l'actuel commissaire aux droits de l'homme, Thomas Hammarberg, qui recommande aux pays membres du conseil de l'Europe de supprimer les dispositions portant atteinte au droit des personnes transgenres à demeurer mariées à la suite d'un changement de genre reconnu. Forcer une telle désunion consiste pour lui en une discrimination manifeste et une atteinte au droit au mariage[50].

La situation française est presque, dit-on, singulière tant l'opinion publique et le législateur se désintéressent de cette question. Laurence Mauger-Vielpeau, dans son étude sur le transsexualisme et le code civil, effectuée en 2005, s'étonne que « *le silence persiste deux siècles après (la création du code civil) malgré la libération des mœurs et l'effort d'adapter le droit au fait. Le silence est devenu mutisme* ». Elle souligne que « *le mutisme du législateur est fort regrettable compte tenu des incertitudes que ce changement engendre tant pour les juges internes qui statuent sur*

---

[48] Deutscher Bundestag Drucksache 16/13157 16. Wahlperiode , 26. 05. 2009, Entwurf eines Gesetzes zur Änderung des Transsexuellengesetzes (Transsexuellengesetz-Änderungsgesetz – TSG-ÄndG).

[49] Belgique, Espagne, Norvège, Pays-Bas et Suède.

[50] Dossier *Droits de l'homme et identité de genre* présenté par Thomas Hammarberg, commissaire aux droits de l'homme pour le Conseil de l'Europe, septembre 2009.

*des questions complexes, que pour les justiciables soumis à l'arbitraire de chaque juridiction* »[51].

Ainsi, cinq ans plus tard, on s'étonne toujours et se demande si l'hypothèse exceptionnelle des personnes transsexuelles souhaitant se marier ou au contraire ne pas se séparer après une réassignation sexuelle justifie que le législateur ne s'intéresse à cette question. Plus grave encore, comment celui-ci peut-il laisser aux juges le soin de trancher des questions aussi délicates ? Si cette situation devait perdurer, ne serait-il pas urgent, en raison des discriminations qui en découlent, que les tribunaux harmonisent leur jurisprudence.

---

[51] Mauger-Vielpeau (L.), *Le transsexualisme et le code civil*, Droit de la famille n° 9, Septembre 2005, étude 18.

# Le mariage en tant que concept interprétatif. Une approche dworkinienne du mariage homosexuel.

Dimitrios Tsarapatsanis,
Docteur en droit de l'Université Paris Ouest Nanterre La Défense,
Qualifié à la fonction de Maître de conférences de la section 02 du C.N.U.

## 1. Introduction

Le 13 mars 2007 la première chambre civile de la Cour de cassation a tranché la question du mariage civil entre personnes de même sexe, en justifiant sa solution par le recours au motif suivant : « Selon la loi française, le mariage est l'union d'un homme et d'une femme »[1]. Elle a ajouté que ce motif exprime un « principe » qui « n'est contredit par aucune des dispositions de la Convention européenne des droits de l'homme et de la Charte des droits fondamentaux de l'Union européenne ». La Cour suprême a ainsi mis fin à un débat juridique dont le noyau controversé dur tournait autour de l'affirmation hétérodoxe, mise publiquement en avant en tout premier lieu par des personnes de même sexe qui ont essayé de se marier ainsi que par le maire qui a essayé de célébrer leur mariage, selon laquelle la différence des sexes n'est pas une condition substantielle du mariage selon le code civil français.

D'une manière générale, on peut relever que cinq types d'arguments ont été avancés pour étayer la position contraire, qui a été finalement acceptée par la Cour de cassation. En premier lieu,

---

[1] Il convient de noter que cette affirmation reprend, presqu'un siècle après, celle de l'ancienne Chambre Civile de la Cour de cassation, qui avait fait valoir dans un arrêt du 6 avril 1903 que « le mariage ne peut être légalement contracté qu'entre deux personnes appartenant l'une au sexe masculin et l'autre au sexe féminin ».

certaines juridictions[2] ainsi qu'un nombre d'auteurs[3] se sont appuyés sur des arguments que l'on pourrait qualifier de « textuels », voire fondés sur une certaine appréhension du sens des textes considérés comme pertinents pour la régulation juridique de l'institution[4] du mariage, pour inférer de la lecture d'un ensemble de dispositions[5] l'existence implicite de la condition de la différence de sexe, même en l'absence avouée[6] d'un texte quelconque la prévoyant dans des termes explicites et clairs.

En second lieu, ont été mis en avant des arguments que l'on pourrait qualifier de « systémiques », voire reposant sur une certaine vision de la cohérence d'ensemble des normes et des principes juridiques relatifs à la régulation de l'institution du mariage considérés comme un tout. Il a aussi été argué par la Cour d'appel de Bordeaux dans son arrêt du 19 avril 2005 que « l'extension du mariage à des couples de même sexe sans

---

[2] Cf. à cet égard le jugement du T.G.I. de Bordeaux du 27 juillet 2004 (D. 2004, p.2392, note E. Agostini ; JCP 2004, 10169, note G. Kessler ; Dr. famille 2004, p.166, note V. Larribau-Terneyre ; Gaz.Pal. 2004, 2, p. 3257, note G. de la Pradelle ; RTDCiv. 2004, p. 719, obs. J. Hauser) ainsi que l'arrêt de la Cour d'appel de Bordeaux du 19 avril 2005 (D. 2005, p. 1687, note E. Agostini).

[3] Cf. à titre d'exemple F. Terré et D. Fenouillet, Droit civil. *Les personnes. La famille. Les incapacités*, 7e édition, Dalloz, p. 313.

[4] Dans les développements qui suivent, nous allons présupposer que, du point de vue de sa nature juridique, le mariage est une institution juridique au moins en ce sens (F. Terré et D. Fenouillet, op.cit., p. 308) qu' « [...] il crée l'état d'époux, il fonde une famille, et il est à la base de la légitimité des enfants ». Il importe néanmoins de souligner que, même si l'on considère que le mariage n'est qu'un contrat, les conclusions substantielles auxquelles on arrive lui paraissent transposables mutatis mutandis. Comme on verra, dans les deux cas il est question de savoir si le concept de mariage est un concept interprétatif et, si oui, quelle est la meilleure compréhension de la valeur morale que ce concept véhicule.

[5] Sont ainsi en tout premier lieu invoqués les articles 75 et 144 du code civil, ainsi que des articles relatifs à la communauté de vie et au domicile des époux (article 108), ou encore ceux régissant les conséquences du divorce et la séparation des corps (articles 264 et 300).

[6] F. Terré et D. Fenouillet, *op.cit.*, p. 313.

préparation législative, et notamment sans modification préalable des règles de la filiation, serait un bouleversement des principes la régissant ».

En troisième lieu, ont été soutenus des arguments qui se fondent sur la nature même ainsi que sur la fonction de l'institution du mariage, ou encore sur la valeur morale spéciale que cette institution permet aux individus de réaliser, pour renforcer la position selon laquelle l'impossibilité de la célébration d'un mariage entre personnes de même sexe n'est ni une discrimination illégale au sens de l'article 14 de la Convention européenne des droits de l'homme ni une violation des droits à la vie privée et au mariage prévus par les articles 8 et 12 de cette même convention[7].

En quatrième lieu, il a été argué que l'application correcte du concept juridique de mariage se fonde sur les intentions interprétatives des acteurs qui ont élaboré et / ou voté et promulgué le code civil, telles qu'elles peuvent être établies par le recours à des documents historiques comme, en tout premier lieu, le discours préliminaire sur le code civil de Portalis[8]. Dans cette optique, résolument historique, le concept de mariage tel qu'on le trouve dans le code civil s'applique de façon correcte uniquement aux unions entre personnes de sexe opposé, car ces unions étaient les seules envisagées par les acteurs ayant élaboré le Projet de code civil et, par la suite, voté entre mars 1803 et mars 1804 les trente-six lois qui réalisaient l'unification du droit civil en un et seul code.

---

[7] Cf. C.A. Bordeaux, 19 avril 2005, *op. cit.* : « La spécificité, et non pas discrimination, provient de ce que la nature n'a rendu potentiellement féconds que les couples de sexe différent et que législateur (cf. Discours préliminaire sur le Projet du code civil) a désiré prendre en compte cette réalité biologique et 'déterminer ses formes en englobant le couple et sa conséquence prévisible, les enfants communs, dans une institution spécifique appelée mariage, choix législatif maintenu dans le temps ».

[8] Cf., à titre d'exemple, l'arrêt de la Cour d'appel de Bordeaux précité, qui se réfère directement au discours préliminaire de Portalis sur le code civil dans le but d'étayer une certaine définition du mariage en tant qu'union entre personnes de sexe opposé.

Enfin, une dernière catégorie d'arguments mis en avant peut être qualifiée de « sémantique ». D'une manière générale, les arguments sémantiques reposent sur la prémisse explicite ou implicite selon laquelle le contenu du concept de mariage commandant son application correcte et incorrecte dans des espèces particulières est fourni par des conventions linguistiques, voire par les croyances et les attitudes des locuteurs qui se servent de ce concept dans leurs transactions linguistiques ordinaires. Les conventions linguistiques pertinentes sont alors soit, dans une première version, celles qui étaient en vigueur lors de l'adoption du code civil en 1804, soit, dans une seconde version, celles qui sont en vigueur aujourd'hui. Dans les deux cas, il est argué que le contenu du concept de mariage est fourni de manière exhaustive par ces conventions, ce qui permet de constater par le biais d'un simple recours au comportement linguistique empiriquement constatable de la communauté pertinente que la définition du mariage comprend, entre autres, la condition de la différence de sexe des conjoints. Le mariage entre personnes de même sexe est alors, selon cette ligne argumentative, non simplement juridiquement nul ou moralement non permis mais, *a fortiori, conceptuellement impossible*. D'après cette lecture, les acteurs qui préconisent l'application du concept juridique de mariage aux unions entre personnes de même sexe essayent en réalité de créer un nouveau concept, qui ne cadre pas avec les dispositions linguistiques ordinaires de la majorité écrasante des locuteurs.

Dans les développements qui suivent, je vais me pencher sur l'analyse de ces arguments sémantiques dans le but de mettre en doute leur pertinence pour l'approche juridique de la question du mariage entre personnes de même sexe. Me fondant sur une critique dworkinienne d'une approche du contenu sémantique des concepts juridiques que l'on pourrait qualifier de conventionnaliste, je vais essayer de montrer qu'une approche alternative, que Ronald Dworkin appelle « interprétative »[9], permet d'affirmer que l'application correcte et incorrecte du concept de

---

[9] Cf. pour cette approche en dernier, R. Dworkin, *Justice in Robes*, Harvard University Press, 2006, pp. 10-12.

mariage dépend des considérations morales substantielles ayant trait à l'objectif du mariage en tant qu'institution, ainsi qu'à la valeur spéciale que cette institution permet de réaliser. Sans épuiser à elle seule la question juridique du mariage homosexuel, cette approche critique suggère que, si les pistes textuelle, systémique et intentionnaliste déjà invoquées plus haut ne peuvent être raisonnablement considérées comme suffisantes pour arriver à des conclusions juridiques définitives relativement à la question du mariage homosexuel, alors ce sont des considérations morales et politiques qui doivent jouer un rôle prépondérant dans la détermination du contenu du concept de mariage.

### 2. Quelles conventions linguistiques ?

Nous pouvons introduire la problématique sémantique de la manière suivante. Selon certains auteurs, les conventions pertinentes permettant de fixer le contenu du concept juridique de mariage sont celles qui existaient lors de l'adoption du code civil en 1804. Or ces conventions linguistiques excluent de la définition même du mariage et sans aucune équivoque possible les couples de même sexe. Il s'ensuit que le mariage tel qu'il est institué par le code civil exclut la possibilité juridique du mariage entre personnes de même sexe.

La réplique la plus simple à cette ligne argumentative consiste à affirmer que la pratique de l'interprétation judiciaire du code civil à travers le temps ne s'accorde nullement avec des attributions de contenu aux concepts utilisés par ce même code uniquement par le recours aux conventions linguistiques en vigueur lors de son adoption. Les exemples d'une interprétation évolutive du code civil de la part du juge judiciaire abondent[10]. Dans la mesure où cette pratique interprétative paraît aujourd'hui à la fois bien ancrée et universellement acceptée, le retour aux conventions linguistiques

---

[10] Cf., purement à titre d'illustration, toute l'évolution de la jurisprudence relative à la responsabilité du fait des choses, fondée sur une lecture controversée de l'article 1384 1$^{er}$ alinéa du Code civil amorcée le premier par le fameux arrêt Teffaine de la Cour de cassation (Cass. Civ., 16 juin 1896, D. P. 1897, I, p. 433).

de 1804 uniquement pour la détermination du contenu du concept de mariage pourrait bel et bien être perçue comme une manœuvre purement ad hoc ayant uniquement la fonction de justifier l'opposition d'un refus catégorique aux seules demandes des couples homosexuels.

À ce stade de l'argumentation, les détracteurs du mariage homosexuel peuvent rétorquer que les conventions linguistiques pertinentes ne sont pas celles qui étaient en vigueur en 1804, c'est-à-dire lors de l'élaboration du code civil, mais celles qui sont en vigueur *aujourd'hui*. Ce sont alors les conventions linguistiques actuelles qui nous permettent d'arriver à la conclusion que le concept de mariage ne s'applique pas au mariage entre personnes de même sexe, car ce sont elles qui déterminent, en général, le contenu des concepts juridiques.

### 3. Conventions linguistiques, désaccord théorique et concepts interprétatifs

En effet, les acteurs qui pensent que le concept juridique de mariage ne s'applique correctement qu'à des personnes de sexe différent raisonnent très souvent de la manière suivante. Pour savoir si un certain état de choses tombe sous l'extension d'un concept juridique, il faut posséder au préalable une définition de ce concept. Cette définition fournit soit des critères nécessaires et suffisants qui commandent de manière exhaustive et précise l'application correcte du concept en question, soit, dans la plupart des cas et pour la grande majorité des concepts vagues du langage naturel, langage au moyen duquel sont rédigés les textes juridiques, des critères plus ou moins stables et déterminés mais « défaisables » dans un certain nombre de situations factuelles. La version la mieux connue de cette conception des concepts juridiques est sans doute celle que l'on doit à Herbert Hart, le fameux théoricien britannique du droit[11]. Dans la vision

---

[11] Cf. H.L.A. Hart, *The Concept of Law*, 2ème édition, Oxford University Press, 1994, pp. 124-136 ; adde Nicos Stavropoulos, « *Hart's*

sémantique hartienne, les critères dont il est question sont le produit d'une constatation empirique de la pratique linguistique convergente de la part de la communauté linguistique se servant du concept analysé. C'est cette constatation qui détermine le standard qu'il convient d'utiliser pour départager une application correcte d'une application incorrecte de ce concept. En ce sens, la conception d'Hart est une vision *réductionniste* du contenu conceptuel, au fur et à mesure qu'elle soutient que le contenu des concepts ne transcende pas les bornes de l'usage qu'en fait la communauté qui les utilise mais, au contraire, peut être réduite à cet usage.

Aussi, selon cette ligne argumentative le contenu sémantique des concepts est fixé par des conventions linguistiques qui peuvent être soit explicites soit, le plus souvent, implicites. Si ces conventions sont implicites, un travail subtil et attentif d'analyse conceptuelle est nécessaire pour dégager les règles qui commandent l'usage correct du terme. À la fin de ce processus, et pour s'en tenir à la version sémantique d'Hart, l'on pourra extraire un « noyau » de la signification du terme, sous forme des critères nécessaires pour l'employer correctement. La contrepartie de ce noyau sémantique sera une « pénombre » des critères supplémentaires plus flexibles. Ces critères sont seulement suffisants et ils peuvent changer d'un cas à l'autre suivant les circonstances factuelles d'application du concept.

Or la thèse selon laquelle le contenu de tous les concepts juridiques est déterminé de manière conventionnaliste a été vigoureusement mise en cause par Ronald Dworkin. Le point de départ de la critique de Dworkin est constitué par sa tentative d'expliquer d'une manière adéquate les situations de désaccord entre des acteurs relativement à la signification d'un seul et même concept juridique[12]. Dworkin remarque à cet égard que, si la conception conventionnaliste de la signification était correcte, il ne

---

*Semantics* », in J. Coleman (dir.), Hart's postscript, Oxford University Press, 2001, pp. 88-98.

[12] Cf. Ronald Dworkin, *L'empire du droit*, P.U.F., 1994, pp.3-7.

pourrait y avoir de véritable désaccord à propos du contenu des concepts juridiques. Nous avons en effet déjà relevé que selon la conception conventionnaliste, le contenu d'un concept serait fourni par l'ensemble de conventions explicites ou implicites constituant des règles d'usage correct et incorrect du concept dans des contextes linguistiques déterminés. Il s'ensuit que, dans l'optique conventionnaliste, les locuteurs qui ne sont pas d'accord avec la pratique majoritaire telle qu'elle ressort des dispositions linguistiques entretenues par la plupart des locuteurs relativement au contenu du concept n'arrivent tout simplement pas à identifier les conventions linguistiques qui sont en vigueur dans la communauté à laquelle ils appartiennent, surtout si ces conventions se rapportent au « noyau sémantique dur » du concept en question. En d'autres termes, depuis la perspective conventionnaliste, les locuteurs qui entendent utiliser un concept sans respecter les règles linguistiques communales de son usage lorsqu'il s'agit de saisir son « noyau sémantique dur » ne savent tout simplement pas ce que c'est que d'utiliser ce concept correctement.

À l'encontre de cette thèse conventionnaliste, Dworkin relève que certains concepts juridiques, tout comme certains concepts moraux ou encore certains concepts scientifiques, sont des concepts « profonds »[13]. Dworkin appelle ces concepts « interprétatifs »[14]. Leur « profondeur » provient du fait que les croyances des locuteurs quant à l'extension des concepts ne déterminent pas ou, alternativement, n'épuisent pas le contenu de ces concepts. En bref, dans le cas des concepts interprétatifs, l'application correcte et incorrecte des concepts n'est pas fournie par des conventions linguistiques ou par les croyances et attitudes des locuteurs relativement à leur contenu, que ce soit des croyances et attitudes qui portent sur son « noyau sémantique dur » ou sur sa « pénombre », mais par leur *véritable* contenu. Ce contenu est uniquement déterminé par les *valeurs objectives* auxquelles les concepts interprétatifs font référence et ne dépendent nullement de l'usage linguistique historiquement établi.

---

[13] Cf. Ronald Dworkin, *Justice in Robes*, *op. cit.*, p.11.
[14] Cf. Ronald Dworkin, *loc. cit.*

Dans l'optique dworkinienne, un locuteur qui met en cause la manière dominante de détermination du contenu d'un concept ne se trompe pas forcément relativement à son contenu : tout au contraire, il se peut parfaitement que ce locuteur comprenne mieux que les autres locuteurs, grâce à une articulation plus raffinée du contenu objectif du concept que celle fournie par la conception dominante, ce que signifie « vraiment » le concept en question. Bref, et en ce qui concerne les concepts interprétatifs, il paraît selon Dworkin à la fois cohérent et respectueux de la pratique courante des juristes d'esquisser la possibilité d'un *hiatus* entre les croyances des locuteurs dans l'utilisation d'un concept interprétatif et la vraie signification de ce concept-là. En d'autres termes, dans le cas des concepts interprétatifs le contenu sémantique *transcende* les croyances des locuteurs de telle sorte que les locuteurs peuvent, en construisant des théories toujours perfectibles, découvrir *a posteriori* leur contenu objectif.

Pour mieux saisir les caractéristiques sémantiques cruciales des concepts interprétatifs, il serait loisible de se référer à l'œuvre du théoricien du droit Nicos Stavropoulos. Selon Stavropoulos, il est possible d'établir des parallèles sémantiques à la fois importants et éclairants entre les concepts juridiques interprétatifs et une certaine compréhension, certes controversée mais actuellement dominante dans le paysage philosophique[15], des qualités sémantiques des concepts désignant des espèces naturelles[16]. Stavropoulos, suivant sur ce point une fameuse expérience de pensée philosophique introduite en premier par Hilary Putnam, prend comme exemple le

---

[15] Cette conception est due à l'œuvre importante de Saul Kripke et d'Hilary Putnam ; cf. S. Kripke, La logique des noms propres, Minuit, 1982 ; H. Putnam, « The Meaning of 'Meaning' », in H. Putnam, *Mind, Language and Reality : Philosophical Papers,* Vol.2, Cambridge University Press, 1975, pp. 215-271. Pour un traitement philosophique des concepts désignant des espèces naturelles allant dans un sens inverse, et notamment conventionnaliste, cf., parmi plusieurs autres auteurs, J. Laporte, *Natural Kinds and Conceptual Change*, Cambridge University Press, 2004.

[16] Cf., d'une manière générale, N. Stavropoulos, *Objectivity in Law*, Oxford University Press, 1996.

concept « eau ». D'après Stavropoulos, le contenu sémantique de ce concept n'est pas épuisé par les conventions linguistiques qui portent sur les croyances actuelles des locuteurs et qui font référence aux propriétés superficielles de l'espèce naturelle sous considération (par exemple, et pour se cantonner à l'espèce naturelle « eau », qu'il s'agit d'un liquide sans odeur ou couleur qui sert à étancher la soif de certains organismes biologiques complexes). En effet, il arrive très souvent que, dans leurs transactions linguistiques quotidiennes, les locuteurs se trompent quant à la vraie extension du concept « eau » lorsqu'ils s'en servent. Ainsi, il se peut très bien que tel ou tel autre locuteur se trouve en présence d'une substance qui possède exactement les mêmes propriétés superficielles, sauf une : sa constitution moléculaire n'est pas H2O mais XYZ. Dans de telles conditions, le locuteur peut bien penser que son concept « eau » fait référence à la substance particulière qui se trouve devant lui, mais, *en réalité*, il se sert du concept de manière erronée, car la substance en question n'est pas celle désignée par le terme « eau » mais une autre substance[17]. C'est en se fondant sur une telle analyse qu'Hilary Putnam fait alors valoir de manière fameuse que, du moins en ce qui concerne les qualités sémantiques des concepts désignant des espèces naturelles, « [...] les 'significations' tout simplement ne se trouvent pas dans la tête »[18].

Il s'ensuit que l'utilisation correcte et incorrecte du concept « eau » dépend non pas de la connaissance des propriétés superficielles de l'espèce naturelle à laquelle référence est faite, mais uniquement de la réalité objective des propriétés substantielles ou « profondes » qui, elles seules, peuvent commander son usage approprié dans tel ou tel autre contexte. Ainsi, la constitution moléculaire spécifique de l'espèce naturelle « eau » peut être totalement inconnue aux utilisateurs du concept, tout en étant le « secret » profond qui distingue le bon du mauvais usage linguistique dans la réalité. Qui plus est, la découverte de cette constitution présuppose une enquête à la fois substantielle et

[17] H. Putnam, *loc. cit.*
[18] H. Putnam, *op. cit.*, p.227.

faillible, mais dans tous les cas théorique et scientifique, portant sur *la nature même* de l'espèce naturelle qui est désignée par le mot « eau ». Cette enquête n'est en rien contrainte par les règles conventionnelles de l'usage correct du mot de la part de telle ou de telle autre communauté linguistique. Tout au contraire, une communauté linguistique peut *toute entière* se tromper quant à la bonne extension du concept ; cette dernière nous est fournie uniquement par des efforts appropriés de théorisation visant à la découverte de la véritable nature de l'espèce naturelle désignée par le concept. D'un autre côté, toute tentative de théorisation est en même temps structurellement « incomplète », car elle peut à tout instant être remise en cause par de nouvelles découvertes théoriques.

Nicos Stavropoulos se fonde sur les analyses de Putnam pour suggérer, à l'appui de la conception dworkinienne des concepts interprétatifs, que certains concepts moraux et juridiques possèdent pour l'essentiel des qualités sémantiques analogues à celles que possèdent les concepts des espèces naturelles[19]. Dans cet ordre d'idées, le désaccord relativement à la signification et à l'extension des concepts interprétatifs n'est aucunement une sorte de « pathologie » de ces derniers. Au contraire, il est constitutif de leur nature et garantit, par le recours à des constructions théoriques plus ou moins complexes, l'approfondissement des connaissances des utilisateurs relativement à leur contenu. Il en résulte que chaque « contestataire » de l'acception courante de la signification et/ou de l'extension d'un concept interprétatif (qu'il s'agisse d'un concept moral ou d'un concept juridique) doit non pas seulement annoncer que cette acception est erronée, ni se fonder uniquement sur des considérations ayant trait à l'usage linguistique de la communauté pertinente, mais également, et surtout, *présenter des raisons d'ordre théorique* pour défendre sa (nouvelle) compréhension, tout en s'exposant lui-même au risque de la future découverte d'une autre construction théorique, qui réfutera la conception qu'il a lui-même mise en avant.

---

[19] N. Stavropoulos, *loc. cit.*

Dans tous les cas, dans cette vision des choses la nouvelle théorie proposée ne pourra être acceptée ou écartée qu'en vertu des considérations également théoriques. Par exemple, et à supposer que le concept juridique de mariage est un concept interprétatif, une nouvelle proposition interprétative portant sur le contenu de ce concept tel qu'il est utilisé par le système juridique français ne pourra être rejetée comme erronée par les locuteurs majoritaires qu'en vertu du fait qu'elle ne reflète pas correctement la véritable nature de la qualité juridique à laquelle ce concept fait référence. Ainsi, et on arrive ici au point crucial, il ne suffira pas de constater que la nouvelle signification proposée ne s'accorde pas avec la pratique linguistique courante. De même, la nouvelle signification proposée ne sera pas une simple « confusion conceptuelle ». En d'autres termes, il se peut très bien que la nouvelle conception soit à la fois correcte et meilleure que l'acception courante, ce qui implique que l'utilisation du concept jusqu'à maintenant était partiellement ou complètement erronée elle-même, les utilisateurs ne comprenant pas suffisamment bien de quoi ils parlaient quand ils parlaient de mariage civil.

## 4. Le concept juridique de mariage, un concept interprétatif ?

Il convient à présent de poser la question de savoir si le concept juridique de mariage est un concept interprétatif au sens précisé. Le test crucial semble être le suivant : lorsque certains locuteurs remettent en cause le caractère du mariage en tant qu'institution qui se réfère uniquement aux unions entre personnes de sexe opposé, commettent-ils une erreur *conceptuelle* due au fait qu'ils ne comprennent pas de manière adéquate les conventions linguistiques en vigueur dans leurs communautés linguistiques respectives, ou, plutôt, offrent-ils une *nouvelle interprétation* de l'institution du mariage dans le but de mieux articuler la valeur spéciale que cette institution possède pour les personnes qui choisissent de se marier ? On peut poser la même question dans des termes empruntés directement à Dworkin : le désaccord relativement à la vraie signification du concept juridique de mariage est-il un désaccord autour d'un concept dont le contenu est fixé de manière conventionnaliste ou, plutôt, reflète-t-il la remise en cause de l'acception dominante d'un concept interprétatif ?

En effet, il paraît difficile de voir comment le désaccord autour du concept de mariage tel qu'il survient actuellement dans le débat public et juridique pourrait être appréhendé d'une manière uniquement conventionnaliste, à savoir dans des conditions théoriques présupposant qu'une large partie des locuteurs ignore totalement les conventions linguistiques actuellement en vigueur. Les acteurs qui entendent mettre en cause la condition de la différence de sexe ne paraissent pas nier le fait historique que l'institution du mariage civil, telle qu'elle a été généralement comprise jusqu'à maintenant, était définie comme l'union publique, stable et solennelle d'un homme et d'une femme. Ce qu'elles nient, c'est précisément l'affirmation selon laquelle la différence de sexe des conjoints joue un rôle quelconque dans la justification de la valeur spéciale du mariage telle que cette dernière peut être comprise sous son meilleur jour. Dans ces conditions, et si l'on voulait appuyer notre raisonnement en se fondant sur une analogie historique, l'on devrait comparer le défi lancé par les partisans du mariage homosexuel à la critique du mariage religieux, critique qui a abouti à la mise en place progressive d'un mariage à la fois civil et séculaire. Plutôt que de dire que les partisans du mariage civil n'arrivaient pas à bien saisir les critères linguistiques fournissant la définition du concept de mariage de leur époque, il est permis d'affirmer qu'ils essayaient, au contraire, de mieux articuler la valeur spéciale du mariage en se référant, quand ils se servaient du terme « mariage », au même concept que leurs détracteurs, tout en se trouvant en désaccord sur sa nature profonde, car arguant que l'entremise d'une autorité religieuse ne fait pas partie de la véritable nature du mariage.

Opter pour un traitement sémantique interprétatif du concept de mariage implique alors que la bonne réponse à la question de savoir si le mariage homosexuel est bel et bien un mariage ne dépend pas des croyances partagées au sein de telle ou telle autre communauté linguistique, mais d'une interprétation de la valeur que l'institution du mariage permet de réaliser, ainsi que de la relation que cette dernière valeur entretient avec d'autres valeurs considérées comme importantes. Sans entrer ici dans les détails d'une telle interprétation, tâche qui requiert dans son énorme complexité un examen beaucoup plus approfondi que celui entrepris ici, je vais tâcher d'esquisser de façon extrêmement brève la forme générale qu'un argument allant en ce sens pourrait prendre[20]. En bref, l'institution du mariage permet aux couples qui la choisissent en tant que mode de leur union de réaliser une espèce spéciale de valeur qui consiste principalement dans l'attribution, par la *reconnaissance solennelle* de l'État, d'un statut juridique publiquement constatable à des associations qui, en dehors de cette reconnaissance, resteraient essentiellement des associations de pur fait. Il s'agit alors d'une ressource culturelle sociétale précieuse permettant aux personnes de manifester de la manière la plus solennelle possible leur engagement consistant à fonder une union à la fois intime et stable.

Supposons maintenant pour les besoins de la discussion que c'est la valeur du statut juridique solennel du mariage qui doit guider les interprètes dans l'identification des instances concrètes qui tombent sous le concept de mariage. Dès lors, se pose la question de savoir si la réalisation de cette valeur spéciale puisse être considérée comme compatible avec la fait que le mariage n'est pas ouvert aux couples de même sexe, compte tenu entre autres des principes juridiques d'égalité et de non-discrimination, principes contenus, comme on le sait, dans des textes à valeur juridique supérieure, et en tout premier lieu dans la Convention européenne des droits de l'homme. Est-ce que la consécration du mariage entre personnes de même sexe serait susceptible de remettre en cause la valeur spéciale du mariage ou, inversement, faut-il accepter que ce soit cette même valeur qui commande de reconnaître la possibilité d'un mariage ouvert à tous les couples sans distinction de sexe ?

---

[20] Pour les développements qui suivent, cf. R. Dworkin, *Is Democracy Possible Here* ?, Princeton University Press, 2006, pp. 86-89 ; R. Wedgwood, « The Fundamental Argument for Same-Sex Marriage », *The Journal of Political Philosophy*, vol.7, n°3, 1999, pp. 225-242.

Le moins que l'on puisse dire est que, si l'on convient que la valeur du mariage consiste dans la reconnaissance publique et solennelle d'une association intime et stable, il est difficile de concevoir des justifications cohérentes niant que de telles associations soient également possibles entre personnes de même sexe, sauf à affirmer que le mode de vie des couples homosexuels a une moindre valeur que celui des couples hétérosexuels. Or, en l'absence d'un discours de justification permettant d'établir cette dernière proposition, il serait raisonnable de supposer que ce qui est en jeu est en réalité le ressentiment d'une certaine majorité sociale qui refuse, comme elle l'a fait à d'autres reprises dans le passé, de reconnaître un égal statut public à des modes de vie qui ne lui plaisent pas. En l'absence d'une justification raisonnable supplémentaire, un tel ressentiment est difficilement acceptable, dans les conditions démocratiques qui sont les nôtres, en tant que fondement public des décisions politiques.

Dans cette optique, le noyau dur de l'enquête normative semble se réduire à la question de savoir si, dans des conditions d'un pluralisme axiologique irréductible, il est permis à l'État démocratique et libéral d'affirmer la moindre valeur de certaines formes de vie individuelle, tels le mode de vie des couples homosexuels. De manière plus générale, il s'agit de savoir si les pratiques juridiques de l'État égalitaire et libéral sont compatibles avec l'institution d'une distribution inégalitaire d'avantages et de ressources juridiques, comme la possibilité de contracter un mariage avec son compagnon et de réaliser en commun une forme importante de valeur sans distinction de sexe, sur la base d'une justification qui met en avant le seul ressentiment d'une majorité sociale réelle ou virtuelle.

Quoi qu'il en soit, et si l'analyse sémantique précédente est correcte, il paraît s'ensuivre que tant les amis que les ennemis du mariage civil entre personnes de même sexe ne peuvent pas trouver refuge dans le recours à des arguments sémantiques conventionnalistes ; il leur incombe alors le devoir épistémique d'articuler le plus clairement possible les choix axiologiques qu'ils prônent. Ceci est alors vrai non pas seulement de *lege ferenda,* voire du point de vue d'une réforme législative future du code civil, mais également de *lege lata.* En d'autres termes, et contrairement à ce que l'on affirme très souvent, il est question du contenu actuel du concept de mariage civil en tant que concept interprétatif dont se sert le texte du code civil.

# Partie 2 : Le sexe médicalisé

# Le « comme si » de l'acte sexuel dans le lien de filiation : une fiction juridique à effacer ?

Eleonora Bottini[1],
Allocataire-Moniteur à l'Université Paris Ouest Nanterre La Défense

## Introduction

La loi « relative à la bioéthique » de 1994, révisée le 6 août 2004, appréhende une partie de la sexualité des individus, celle qui concerne la procréation. Elle encadre l'application de l'ensemble des techniques biomédicales appliquées à l'être humain. Je m'occuperai ici plus précisément de l'assistance médicale à la procréation (AMP) et des conditions d'accès à cette pratique, telles qu'elles sont définies par la loi actuelle, et susceptibles d'évoluer avec la révision prévue pour l'année 2010. L'AMP est définie par l'article L. 2141-1 du Code de la santé publique comme « l'ensemble des pratiques cliniques et biologiques permettant la conception *in vitro*, le transfert d'embryons et l'insémination artificielle, ainsi que toute technique d'effet équivalent permettant la procréation en dehors du processus naturel ».

Il faut tout d'abord faire une précision préliminaire sur le rôle controversé du droit dans la procréation : certains contestent a priori l'immixtion du droit dans ce domaine. De fait, le droit de fonder une famille s'inscrit sous la catégorie des libertés fondamentales (art. 46 de la *Déclaration universelle des droits de l'homme* ; art. 23 *du Pacte international relatif aux droits civils et politiques*) : la décision d'exercer ce droit relèverait en principe de la vie privée dans sa sphère la plus intime.

---

[1] Je tiens à remercier le groupe de travail *Bioéthique* de la Fondation Terra Nova, et notamment ses présidentes Geneviève Delaisi De Parseval et Valérie Depadt-Sebag. Les discussions de très haut niveau, auxquelles j'ai eu l'opportunité d'assister, sur les thèmes de l'AMP et de l'adoption, ont inspiré en grande partie ce travail.

Mais dès lors que la conception et la venue au monde d'un enfant se font grâce aux moyens fournis par l'Etat qui met en place les structures médicales nécessaires à l'application des techniques d'AMP et prend en charge leur coût d'application, ce type de procréation, ainsi que la filiation qui en découle, relèvent de l'ordre public. Cette maîtrise du processus procréatif permet de reproduire le processus naturel, mais aussi de le modifier et par là, d'intervenir sur l'évolution de l'espèce humaine. Pour ces raisons, les deux voies d'accès à la parenté que sont l'adoption et l'AMP ne peuvent être assimilées à la procréation naturelle dans son élément de liberté. Elles impliquent la société et, par là, relèvent de la responsabilité de l'Etat, donc du fait législatif. C'est pourquoi ce sujet mérite un approfondissement d'ordre juridique.

Parmi les problèmes soulevés par la révision de la loi, les changements à apporter à l'établissement du lien de filiation sont au cœur des arguments pour une libéralisation de la pratique de l'AMP. Qui peut avoir droit au statut de parent ? De quelle manière pourrait-on le distinguer de celui de géniteur ?

La pluralité nouvelle des structures familiales a fait émerger la notion de *parentalité*[2], néologisme qui essaie d'impliquer dans le concept de filiation la reconnaissance du rôle affectif et éducatif tenu par des tiers – autres que les parents – auprès de l'enfant. La parentalité désigne aussi le processus qui mène à l'état de parent, en faisant primer l'engagement volontaire sur le lien biologique. Le terme veut insister sur la construction psychologique par laquelle un adulte vient à l'état de parent, construction reposant sur le désir, sur les sentiments, sur la volonté qui le conduit à assumer la responsabilité d'un enfant. C'est dans cet esprit que les couples s'engagent dans le processus de l'AMP avec donneur ou encore dans celui de l'adoption. Dans les familles recomposées ou

---

[2] Ce terme, qui se développe à partir des années 60, est utilisé par les psychanalystes pour parler d'un travail psychique à accomplir par des parents potentiels. Je vais l'utiliser ici dans un sens plus large, comme d'une notion qui atteste un phénomène social des dernières années.

homosexuelles, la parentalité peut désigner les liens qui peuvent unir une personne à l'enfant de son conjoint[3].

La question centrale de mon propos est la suivante : juridiquement, le lien de filiation est-il aujourd'hui entièrement séparé de la sphère biologique et de l'acte reproductif ? Et si, comme on le verra, ce n'est pas le cas, faudrait-il changer ce paradigme ? Pour essayer de répondre à ces questions, je vais analyser trois limites d'accès à l'AMP contenues dans la loi actuelle, leurs causes et leurs conséquences. Ensuite je vais essayer de tirer des conclusions plus globales sur la fiction juridique qui rattache le lien de filiation à un acte sexuel présumé, et les conséquences d'un éventuel abandon de cette fiction.

## I – La filiation en France : état des lieux et possibles contradictions

La filiation peut être définie comme le lien juridique par l'établissement duquel le droit unit l'enfant à ses parents, ce lien produisant ses effets tant à l'égard de l'un que des autres (un des

---

[3] Ces liens ne sont pas complètement méconnus par le législateur français, qui a prévu une « délégation volontaire d'autorité parentale », modifiée par la loi du 4 mars 2002 ; elle permet aux parents de saisir le juge afin de déléguer tout ou une partie de l'exercice de l'autorité parentale à un tiers, qui peut être un membre de la famille, un proche, etc. La délégation est prononcée par jugement, à la demande soit des deux soit de l'un des deux parents. La délégation partielle aboutit à un partage de l'exercice de l'autorité parentale entre déléguant et délégataire. Par une décision du 24 février 2006, la première chambre civile de la Cour de cassation a admis qu'une mère en délègue partiellement l'exercice « à la femme avec laquelle elle vit en union stable et continue, dès lors que les circonstances l'exigent et que la mesure est conforme à l'intérêt supérieur de l'enfant ». Cette solution semblerait traduire la volonté du juge de reconnaître les couples homosexuels comme des parents. Les droits accordés par le délégant demeurent cependant précaires. D'une part, la délégation opère le transfert des attributs de l'autorité parentale, mais non de l'autorité elle-même. Ainsi, par exemple, l'article 377-3 du Code civil interdit la possibilité de déléguer le consentement à l'adoption du mineur. D'autre part, elle est provisoire : un nouveau jugement peut y mettre fin, lorsque les circonstances qui ont justifié la demande cessent d'exister.

effets étant par exemple l'autorité parentale). La filiation fait partie de « l'état d'une personne » : l'ensemble des caractères qui définissent la personnalité juridique d'une personne physique et qui permettent de l'identifier par rapport à la famille et aux autres personnes, comme le nom, la date de naissance, etc.

Le droit français connaît deux types de filiations. Le premier consiste en la filiation charnelle, résultant de la procréation et consistant en la reconnaissance par le droit du lien biologique entre l'enfant et les parents. Le second est celui de la filiation adoptive, réalisée hors du processus procréatif, fondée sur la volonté des parents et constituée par jugement.

La filiation charnelle s'établit à partir du certificat de naissance pour la mère et soit de la présomption de paternité lorsque le couple est marié, soit sur le fondement d'une reconnaissance lorsqu'il ne l'est pas, pour le père. Ainsi, tout en se fondant sur un lien biologique, plus souvent présumé que prouvé en ce qui concerne la paternité[4], la loi laisse place à la volonté des parents dans l'établissement de la filiation. La femme qui a accouché peut refuser de voir ce lien établi en accouchant sous X, de même que le mari peut accepter de laisser jouer la présomption de paternité tout en sachant ne pas être le géniteur de l'enfant. La filiation charnelle ne doit donc pas être comprise comme une filiation exclusivement biologique : le droit établit le lien de filiation seulement lorsque au lien biologique vient s'ajouter un acte authentique comme le mariage ou la reconnaissance, desquels il déduit la volonté d'assumer le rôle de parent.

La filiation adoptive est un mode de filiation particulier en ce qu'il ne se fonde pas sur le rattachement charnel entre l'enfant et

---

[4] Yan Thomas insiste sur ce point : « Chez nous, la filiation paternelle est traditionnellement fondée sur une présomption. Il s'agit là d'une invention radicale dans l'histoire de l'humanité. Peu d'anthropologues ont aperçu l'immense portée de cet *artifice légal*. [...] Le mari peut n'être pas le géniteur, il n'en est pas moins le père, dès lors qu'on lui attribue les enfants nés de son épouse » (Y. Thomas, « L'union des sexes : le difficile passage de la nature au droit », *Le Banquet*, 1998, n° 12-13, p 116).

ses parents, mais il est entièrement créé par le droit, en réponse à la volonté des couples candidats à l'adoption. L'intervention de l'autorité publique, sous la forme d'une décision judiciaire, est nécessaire pour établir ce lien.

Dans tous les cas, qu'elle soit charnelle ou adoptive, la filiation est instituée par l'autorité de l'Etat, elle n'est en aucun cas convenue entre des personnes[5].

En 1994, le législateur a fait le choix de construire le système juridique pour l'AMP sur le modèle de la filiation charnelle ; le système repose sur l'idée de « faire comme si » : on fait comme si l'enfant était *biologiquement* celui du couple. Du point de vue génétique, cet enfant pourra n'être l'enfant que de l'un des deux parents. Du point de vue juridique, il sera l'enfant du couple infertile.

AMP et filiation sont étroitement liées, la première ayant des conséquences sur la seconde. Ainsi, dans le cadre de l'AMP avec donneur, la loi actuelle a choisi d'établir la filiation de l'enfant de façon à effacer les circonstances de sa conception, c'est-à-dire le don de matériaux génétiques. Il s'agit donc d'une fiction juridique, définie par Yan Thomas comme « un procédé consistant à travestir les faits, à les déclarer autres qu'ils ne le sont vraiment, et à tirer de cette adultération même et de cette fausse supposition les conséquences de droit qui se fussent attachées à la vérité ainsi feinte, si celle-ci eût existé sous ses dehors d'emprunt »[6].

L'AMP pousse la fiction encore plus loin : si la fiction juridique sur le modèle romain – comme Yan Thomas semble vouloir

---

[5] Pour une analyse de la distinction entre engendrement et filiation voir Caroline Mécary, « Homosexualité, mariage et filiation : où en sommes nous ? », *Informations sociales,* 2008/5, n° 149, p. 140 et ss.
[6] Y. Thomas, « Les artifices de la vérité en droit commun médiéval », *L'Homme,* 2005/3-4, n°175-176, p. 115. A propos du rôle de la fiction dans la science du droit voir aussi Olivier Cayla, « Le jeu de la fiction entre comme si et comme ça », *Droits,* revue française de théorie juridique, 1995, n° 21, pp. 3-15.

l'affirmer – requiert avant tout la certitude du faux[7], de la dissimulation de la fiction par rapport à la réalité, la fiction ici présentée efface toute trace des faits, donc du mode de conception, dans l'histoire de l'enfant issu de cette pratique. La filiation est organisée de façon à préserver le secret de l'intervention du donneur, afin que la situation de l'enfant soit comparable à celle qui serait la sienne s'il était né d'une procréation naturelle ou d'une AMP endogène.

Après avoir donné son consentement, le donneur disparaît de la procédure, excepté pour l'institution médicale. Celle-ci se voit donc conférer la charge de choisir, d'identifier les donneurs, et de conserver ces informations que nul autre ne détiendra. Cette charge peut également être illustrée par la technique de l'« appariement » qui consiste, pour les centres d'AMP, à choisir des donneurs dont les traits physiques correspondent à ceux des receveurs, dans l'objectif de « parfaire l'illusion »[8].

Afin de rendre incontestable cette filiation pour le moins particulière, l'article 311-19 du Code civil exclut toute possibilité d'établir un lien de filiation, volontaire ou judiciaire, entre l'enfant né de l'AMP et le tiers donneur. Cette négation de la filiation biologique apparaît comme la première étape de l'établissement de la filiation de l'enfant, comme la condition *sine qua non* du rattachement de l'enfant à ses parents d'intention. Mais cela ne fait que fragiliser la filiation en cas de séparation des parents, car l'aménagement de l'exercice de l'autorité parentale revient au juge et lorsque les parents n'informent pas le juge des circonstances de la naissance de l'enfant, une action en désaveu de paternité aboutit à faire tomber la filiation avec le père, démontrant ainsi les limites de la fiction légale.

Or il y a ici une contradiction assez évidente entre la négation de la filiation biologique avec la disparition du donneur et la

---

[7] Voir Y. Thomas, « L'union des sexes : le difficile passage de la nature au droit », *Le Banquet*, 1998, n° 12-13.

[8] G. Delaisi de Parseval et V. Depadt-Sebag, *Accès à la parenté. Pour une révision progressiste de la loi relative à la bioéthique*, Terra Nova, mars 2010 (à paraître), p. 58.

volonté de reproduire celle-ci à tout prix avec une fiction juridique. De telle façon, le « vrai » géniteur biologique n'apparaît jamais dans la filiation de l'enfant, mais la filiation reste biologique *de iure*. Le clou est enfoncé avec le dernier alinéa de l'article 311-20 toujours du Code civil, en vertu duquel la paternité de celui qui, après avoir consenti à l'AMP, ne reconnaît pas l'enfant, voit sa paternité judiciairement déclarée.

Ce système d'établissement de la filiation s'avère donc tout à fait inédit dans le paysage juridique français, qui ne connaît que les deux ordres de filiation (charnelle et adoptive) que nous avons vu plus haut.

**II – Pour une libéralisation de l'accès à l'AMP : origines et conséquences de limites actuelles**

Le choix de la fiction de l'acte sexuel reproductif relève d'une certaine conception du projet parental et du couple, proposée par le législateur. Il en découle de nombreuses règles contenues dans la loi actuellement en vigueur. Je vais ici en considérer trois : le principe d'anonymat des donneurs de gamètes (1), l'interdiction pour les couples de même sexe et les célibataires d'avoir recours à l'AMP (2), et l'interdiction du double don (un des deux gamètes devant obligatoirement provenir d'un membre du couple) (3).

1. L'anonymat des donneurs pérennise, pour les parents candidats à l'AMP avec dons, l'illusion d'être les géniteurs : ce choix législatif « sacralise » la portée symbolique de l'acte procréatif en imposant aux parents (et par conséquent à l'enfant, qui pourrait ne jamais avoir connaissance du don) un véritable déni du don. Les donneurs sont aussi, de ce fait, « déshumanisés », car leur anonymat les rend invisibles.

Ainsi la loi précise qu'« aucun lien de filiation ne peut être établi entre l'auteur du don et l'enfant issu de la procréation » (article 311-19, alinéa 1er du Code civil), et qu' « aucune action en responsabilité n'est recevable contre le donneur » (2ème alinéa du même article).

Une des raisons qui a porté le législateur à faire ce choix est la rareté des dons : leur nombre étant actuellement déjà insuffisant, on craignait qu'une autre solution décourage les donneurs et provoque une raréfaction ultérieure des dons.

Une autre raison concernait les futurs parents : il s'agissait de les rassurer dans la crainte de l'immixtion du tiers donneur au sein de leur famille. Les receveurs craignaient que la simple connaissance par l'enfant de l'existence et donc de l'identité du donneur ne les fragilise dans leur rôle de parent et se sentaient protégés par l'anonymisation du donneur[9], qui, si on y ajoute l'effacement du don dans l'histoire de l'enfant, « se trouve ramené à l'état de matériau génétique, dépersonnalisé, anonymisé et donc, réifié »[10]. On a aussi estimé, à l'époque, que le principe d'anonymat favoriserait la construction de la famille autour du triptyque psychanalytique traditionnel père, mère et enfant. À supposer que l'on envisage de laisser apparaître l'intervention du donneur dans la conception de l'enfant, la question se serait posée de sa place, de son statut et de son rôle.

Or les enfants nés d'une AMP avec donneur, aujourd'hui devenus des adultes, demandent la levée du secret de l'identité de leurs géniteurs. L'objet de leur demande est bien clair : ils ne contestent pas la désignation juridique de leurs parents, ils ne sont pas plus à la recherche d'un père ou d'une mère. Ce n'est pas étonnant, d'ailleurs : avec la multiplication des familles recomposées, un enfant est souvent entouré de plus de deux adultes

---

[9] Cette quête de sécurité de la part des receveurs du don est confirmée par Pierre Lévy-Soussan, pédopsychiatre et psychanalyste : « Nous avons dénommé travail de filiation cette exigence de travail psychique nécessaire pour permettre à chacun la construction de sa propre identité, l'élaboration de sa propre subjectivité et de son destin. La résistance des parents aux « attaques de la filiation » est fonction du sentiment de sécurité des parents à se définir comme les « vrais parents » dans le présent et tout au long du passé vécu avec l'enfant et même avant son arrivée » (P. Lévy-Soussan, « La filiation à l'épreuve de l'adolescence », *Adolescence,* 2006/1, n° 24, p. 109).

[10] G. Delaisi de Parseval et V. Depadt-Sebag, *op. cit.,* p. 46.

sans que cela lui pose de problèmes pour bien reconnaître le rôle des parents.

Apparaît ici la distinction entre engendrement et filiation, longtemps liés dans la présomption de paternité de l'époux et la règle selon laquelle la femme qui accouche est automatiquement la mère. L'abandon du principe d'anonymat offrirait à l'enfant la possibilité d'accéder à une information le concernant directement ; il permettrait une mise en conformité du droit à la demande des intéressés – les enfants en premier lieu – et une véritable reconnaissance juridique de chacun des intervenants dans l'AMP. Sans oublier les raisons d'ordre sanitaire : pour répondre à l'orientation nouvelle de la recherche vers la prévention et le dépistage[11], avoir un historique sanitaire des géniteurs se révèle tout à fait nécessaire.

Avec la levée totale de l'anonymat, sera possible l'accès de l'enfant à son dossier complet et donc à l'identité de ses géniteurs, sur le modèle de l'accès aux données des enfants adoptés[12] (à leur majorité ou avant avec l'accord des parents, et uniquement sur demande de l'enfant).

2. La loi française rend nécessaire un diagnostic de stérilité avant l'AMP. Selon l'article L. 2141-2 du Code de la santé

---

[11] Cette considération n'a d'ailleurs pas échappé au législateur de 1994, puisque les articles L. 1244-6 et L. 2141-6 du Code de la santé publique, relatifs l'un aux dons de gamètes, l'autre à l'accueil de l'embryon, permettent aux médecins d'accéder « aux informations médicales non identifiantes en cas de nécessité thérapeutique ». Cependant, ces textes risquent de ne pas s'avérer suffisants pour éviter de défavoriser l'enfant issu d'un don de matériaux génétiques, car la « nécessité thérapeutique » exclut le recours préventif.

[12] L'accès pourrait être organisé par un organisme sur le modèle du Conseil national pour l'accès aux origines personnelles (CNAOP) : proposé par Ségolène Royal et créé par la loi du 22 janvier 2002 – votée à l'unanimité par les députés – le CNAOP a été mis en place officiellement en septembre 2002 (*http://www.cnaop.gouv.fr*). Son objectif essentiel est de faciliter l'accès aux origines personnelles, à la fois dans les cas d'adoption et d'accouchement sous X.

publique « l'assistance médicale à la procréation est destinée à répondre à la demande parentale d'un couple. Elle a pour objet de remédier à l'infertilité dont le caractère pathologique a été médicalement diagnostiqué ou d'éviter la transmission à l'enfant ou à un membre du couple d'une maladie d'une particulière gravité ». Mais, sous couvert de stérilité « médicale », entre en jeu une définition du couple : un couple cliniquement stérile doit être *potentiellement* procréateur (c'est-à-dire un couple respectant la différence des sexes, des générations, et les interdits d'inceste) ; alors que, pour les célibataires ou les couples homosexuels, l'on ne peut parler que de « stérilité sociale », exclue par conséquent de l'AMP. Ouvrir celle-ci aux couples « socialement stériles » marquerait l'abandon de la fiction biologique, promue résolument par le législateur français, alors même qu'elle est abusive : elle conduit à penser que la médecine guérit l'infertilité quand son seul effet est de pallier l'impossibilité d'avoir un enfant. D'ailleurs, des nombreux médecins affirment aujourd'hui que, dans la plupart des cas, on ne peut pas diagnostiquer une infertilité mais uniquement la constater. Exactement, donc, comme dans le cas des couples homosexuels, ou des personnes célibataires, il s'agit d'une stérilité « idiopathique »[13]. Pourquoi le législateur devrait alors limiter l'accès à ces techniques ?

D'un autre point de vue, l'article de loi cherche à limiter le remboursement par la sécurité sociale. À partir du moment où l'Etat prend en charge les coûts, il semble légitime qu'il définisse ses critères. Mais si la prise en charge pose un certain nombre de problèmes pratiques à l'ouverture de l'accès, on ne peut pas fonder un choix politique de si grande importance sur la question du remboursement. Revoir entièrement les critères du remboursement de l'AMP pourrait être le prix à payer pour l'abandon d'une conception de cette pratique et donc des critères d'accès qui ne

---

[13] Dans le langage médical, ce terme signifie « maladie dont on ne connaît pas la cause ». J'utilise ce terme ici en dehors de son contexte, consciente de faire une « erreur formelle ». J'estime néanmoins que pousser ce raisonnement jusqu'à ses extrêmes peut être utile pour comprendre l'absurdité de chercher la « cause médicale » de la stérilité. Il est important, pour comprendre les termes de ce débat, de voir que l'infertilité est un constat, et non pas un diagnostic.

sont plus actuels et qui correspondent mal aux exigences de la société contemporaine et surtout des « nouvelles » familles. Limiter l'accès aux couples hétérosexuels mariés[14] crée d'ailleurs un problème d'égalité de traitement par rapport à l'adoption, ouverte, elle, aux parents célibataires. On pourrait répondre qu'il existe des solutions alternatives pour les familles homoparentales, comme l'adoption simple, et la délégation volontaire de l'autorité parentale. Mais en ce qui concerne la première, les tribunaux sont réticents à l'accorder aux homosexuels[15], et en plus il s'agit d'une filiation qui n'est pas irrévocable. La deuxième solution est encore plus précaire, car le lien entre le délégué et l'enfant disparaît à la majorité de ce dernier et peut être supprimé même avant, si les conditions changent (cf. *supra*, note 3). Il s'agit donc de deux fausses solutions.

---

[14] Ceci n'est pas mentionné explicitement dans l'article de loi, mais cette limitation se déduit à partir des critères énoncés par le législateur : « L'homme et la femme formant le couple doivent être vivants, en âge de procréer, mariés ou en mesure d'apporter la preuve d'une vie commune d'au moins deux ans et consentant préalablement au transfert des embryons ou à l'insémination » (article L. 2141-2 du Code de la santé publique).

[15] Le 20 février 2007 la Cour de Cassation a confirmé cette tendance des tribunaux français : dans le cas d'un couple homosexuel, seule l'adoption simple peut, en principe, exister, pour qu'un double lien de filiation puisse exister entre l'enfant, son père ou sa mère, et le conjoint de celui-ci. Toutefois, au niveau de ses effets, l'adoption simple entraîne, selon l'article 365 du Code civil, un transfert total de l'autorité parentale au profit de l'adoptant. Dans le cas donc de l'adoption de l'enfant du conjoint, on en arriverait au cas où le parent se trouverait démuni de l'autorité parentale, qui serait confiée à son conjoint. Cette situation pourrait être préjudiciable en cas de dissension sur l'éducation ou de séparation du couple. Tirant les conséquences de cette règle, la Cour de Cassation a cassé l'arrêt d'appel qui avait admis l'adoption simple car « en statuant ainsi, alors que cette adoption réalisait un transfert des droits d'autorité parentale sur l'enfant en privant la mère biologique, qui entendait continuer à élever l'enfant, de ses propres droits, de sorte que, même si Mme Y avait alors consenti à cette adoption, en faisant droit à la requête la Cour d'appel a violé le texte susvisé » (art. 365 C.civ.).

3. La fiction juridique de l'acte reproductif est encore plus manifeste dans le rattachement de l'AMP à la filiation dite « charnelle » et non pas adoptive, ce qui implique l'interdiction du double don de gamètes, car dans ce cas, il serait impossible de rattacher le lien légal au lien biologique.

Le secteur de l'AMP connaît deux grandes catégories de techniques. La première, dite endogène, rassemble les différents protocoles qui permettent à un couple de procréer par ses seules forces génétiques et biologiques, en cela « aidé » par les moyens médicaux. La seconde, dite exogène ou hétérologue ou avec don, rassemble les divers procédés impliquant un apport de matériaux génétiques extérieurs au couple. En l'état actuel du droit, il peut s'agir d'un don de sperme, d'ovule ou encore d'embryon. Cette deuxième catégorie peut se faire avec un seul don de gamètes ou avec deux dons, des deux gamètes. Ce dernier procédé est aujourd'hui, en France, interdit.

La question se pose alors des règles auxquelles on soumettrait la filiation d'un enfant conçu dans le cadre d'une AMP avec double don. Or, on se heurterait rapidement à un dilemme. Si l'on permet la levée de l'anonymat et que l'on offre un statut aux donneurs, seul moyen de rendre les dons tangibles, il est probable que ni l'Etat ni les familles qui accèdent à l'AMP ne puissent tolérer l'existence juridique de plus de deux parents. Aujourd'hui tel est le cas : tous les possibles cas de figure suivent la règle qui affirme que deux personnes au maximum peuvent exercer l'autorité parentale sur un enfant – c'est-à-dire peuvent se voir établir un lien de filiation avec celui-ci. Par exemple le Code civil prévoit que pour l'adoption plénière de l'enfant du conjoint, il faut que ce dernier n'ait de filiation établie qu'à l'égard de ce conjoint, soit parce que l'autre parent s'est vu retirer totalement l'autorité parentale, soit parce qu'il est décédé.

Pourquoi deux et pas plus que deux [16]? D'où nous vient cet interdit ? Encore une fois, il s'agit de la reproduction, en droit, d'un – imaginaire ou réel – acte sexuel procréatif. Si la filiation est le passage du corps du biologique vers le social, une convention sociale à partir de données biologiques stables – telle est la définition donnée par plusieurs psychiatres[17] – elle est et restera toujours sexuée.

Mais, si l'on reste dans le cadre exclusif des deux parents « d'intention », cela ne signifie-t-il pas la reproduction, au moins partielle, du modèle biologique ? De nombreuses enquêtes sociologiques montrent ainsi que les parents « d'intention », hétérosexuels ou homosexuels, même parmi ceux qui plaident pour l'abandon de la fiction biologique, ne peuvent souvent pas concevoir de faire entrer un tiers dans la vie de l'enfant.

On pourrait alors penser à la possibilité d'un nouveau modèle de filiation, spécifique à l'AMP, troisième voie distincte à la fois de la filiation adoptive et de la filiation charnelle, mais aucun élément extérieur à la génétique ou à la volonté ne semble à même d'instituer la filiation. Ou bien les parents sont ceux qui transmettent les gènes à l'enfant, ou bien la volonté d'être parents, unie au consentement (légal) de ces derniers à se charger de

---

[16] Cette question est posée également par Pauline Halpern : « Serait-il possible, par l'insertion de la notion de parent psychologique, de modifier ces règles afin de reconnaître l'intervention d'une troisième personne dans la vie de l'enfant ? La question reste en suspend. Mais l'idée est intéressante. *Pourquoi cette limite de deux personnes ?* » (P. HALPERN, « De la discrimination des couples de même sexe dans l'accès à la filiation (France/Québec) » [en ligne], texte disponible sur le blog *Droit et discriminations*, mis en ligne le 17 août 2008 [page consultée le 30 janvier 2010],
URL http://m2bde.u-paris10.fr/blogs/dd/index.php/post/2008/08/17/De-la-discrimination-des-couples-de-meme-sexe-dans-lacces-a-la-filiation-France/Quebec-par-Pauline-Halpern).

[17] Je me réfère ici plus précisément à Pierre Lévy-Soussan, « Famille, sens, contre-sens, non sens », *Champ Psychosomatique*, 2007/3, n° 47, p. 49 et ss.

l'éducation et des besoins de l'enfant, prime sur le lien biologique. *Tertium non datur*.

Toutefois, les deux versions de la filiation ont leurs limites : fonder le lien sur la génétique paraît archaïque et est démenti par le droit lui-même, alors que le fonder sur la volonté reste trop marqué par l'individualisme et la marchandisation du désir d'enfant – ce qui rencontre les réticences à l'égard d'un « droit à l'enfant »[18]. Le droit est d'ailleurs souvent considéré le dernier rempart contre la toute puissance du marché, notamment par les théories psychanalytiques du droit. La conséquence en serait une conception entièrement contractuelle de la filiation.

Or, nous avons vu que la filiation *juridique* est, par nature, déjà entièrement contractuelle – dans l'AMP, dans l'adoption, mais aussi, en sens inverse, dans le cas des beaux-parents rapportés, qui, exclus de la filiation juridique, font souvent partie de la filiation dite « psychique », à savoir, ce que j'ai appelé plus haut « parentalité ».

## Conclusion

Le problème de la filiation s'insère dans un cadre plus vaste qui est le rôle du droit dans une société : est-il censé structurer la société – et donc, par exemple, la distinction entre les deux sexes – ou bien reproduire une représentation de la société à un moment donné ?

---

[18] Ainsi P. Lévy-Soussan, *op. cit.,* p. 55 : « L'extériorisation et la dissociation de ces moments au niveau de la réalité : parentalité (sociale et biologique), sexualité (vie sexuelle et procréation/fécondation en laboratoire), temporalité (conservation des gamètes ou des embryons un temps indéfini), contribuent à objectiver le désir d'enfant, au risque d'en faire le produit uniquement de la science ou social dans l'adoption. Consécutivement, l'AMP ou l'adoption, risquent d'apparaître non comme une *médecine de la stérilité* ou une solution filiative pour un couple infertile mais comme une façon, parmi d'autres, d'avoir des enfants ». En ce qui concerne la possibilité (ou, mieux, l'impossibilité) d'une médecine de la stérilité, je renvoie à *supra*, II, 2.

S'il y a une leçon que l'on peut tirer du droit romain, c'est l'arbitraire de la technique juridique dans la construction de ses qualifications, y compris la distinction homme - femme. Avec la technique juridique, l'homme s'invente perpétuellement : c'est pourquoi il ne faut surtout pas confondre la nature avec la légalisation de la nature[19].

Marcela Iacub définit la filiation comme « un ensemble de règles arbitraires véhiculant des valeurs et non pas de rapports de causalité »[20]. Les valeurs que les lois bioéthiques proposent dérivent de la centralité nouvelle du corps, venant du droit canonique et de l'interprétation chrétienne du droit romain – le droit romain n'ayant jamais pensé le corps comme le centre du droit de la filiation. Yan Thomas explique à quel point le rapport sexuel, le sang et la vérité génétique sont, depuis, au coeur du droit de la filiation. A partir d'une telle interprétation, que nous utilisons aujourd'hui sans en être – souvent – au courant, il nous est impossible de valider juridiquement des liens familiaux sans « faire référence à leur substrat corporel »[21].

Pour résumer, permettre le double don de gamètes casserait la fiction biologique, ainsi que la limitation à deux parents/géniteurs. Un lien de filiation concernant plus de deux personnes semble difficile à concevoir à la fois pour les parents et pour la société, et pourtant cela permettrait de légiférer plus librement sans devoir mettre en place des « acrobaties » juridiques de plus en plus compliquées pour rattacher le droit à la nature.

---

[19] « La loi décide qu'on ne peut être qu'homme ou femme : sur cette vérité légalisée est construit le droit de la filiation », Y. Thomas, « L'union des sexes : le difficile passage de la nature au droit », *Le Banquet*, 1998, n°12-13, p. 118.
[20] M. Iacub, « Le couple homosexuel, le droit et l'ordre symbolique », *Le Banquet*, 1998, n°12. Du même auteur voir aussi « Les fécondations artificielles, le droit et la nature », *Vacarme,* 2001, n°14.
[21] Y. Thomas, « L'union des sexes : le difficile passage de la nature au droit », *Le Banquet*, 1998, n°12-13, p. 123.

Cette hypothèse d'ouverture de la filiation, qui peut sembler à première vue excessive ou utopique, est utile pour comprendre la contradiction interne à la demande parentale d'élargir les critères de l'AMP : il est incohérent de vouloir abandonner le modèle biologique seulement en partie, tout en gardant la structure de la famille traditionnelle. Yan Thomas met en évidence cette incohérence dans la revendication du mariage homosexuel : on ne peut pas « renvoyer au sexe comme objet institutionnel tout en niant que la différence des sexes soit institutionnellement pertinente »[22]. J'utilise cet argument dans sa forme logique, tout en sachant que ce n'est pas ici le lieu de rentrer dans ce débat. C'est donc la même chose que vouloir nier la pertinence juridique de l'acte sexuel procréatif et vouloir garder le même cadre étroit duquel on prétend s'émanciper : le couple matrimonial. « De ce point de vue, le mariage homosexuel est un fantasme imitatif, il représente le comble de ce qu'on peut attendre d'une culture petite-bourgeoise »[23]. On a tendance à se dire que ce serait plus simple de faire accepter à la société l'ouverture de l'accès à un modèle qui existe déjà, plutôt que détruire entièrement un paradigme. Or il s'avèrerait beaucoup plus efficace et moins contradictoire d'aller dans le sens d'une multiplicité des liens de filiation : de toute évidence, la forme des ces nouveaux liens reste à inventer.

C'est à partir de là, et donc à partir de l'abandon de cette fiction que j'ai voulu analyser, que la pratique de l'AMP pourrait s'ouvrir aux nouvelles demandes parentales.

---

[22] *Idem*, p. 128.
[23] *Idem*, p. 127.

# De la frontière entre acte thérapeutique et sexuel

Bruno Py,
Maître de conférences
Nancy-Université, CRDP-Iscrimed

Si l'on veut bien admettre que l'Homme est un animal avant de devenir un être social, alors l'étude de la manière par laquelle il réussit à canaliser ses instincts au profit de l'organisation de la société s'impose. L'encadrement de la sexualité humaine est depuis toujours un objet d'intérêt pour ceux qui ont la charge de diriger un groupe humain dans la mesure où il conditionne, au delà des enjeux individuels, la survie de l'espèce toute entière. Chaque communauté humaine s'est dotée de règles destinées à empêcher que l'homme et la femme ne laissent libre cours à leurs pulsions. Il apparaît en effet que l'anarchie sexuelle, si paradisiaque qu'elle puisse sembler, est une source de conflits internes et de dangers externes pour toute collectivité d'êtres vivants. Or, au contraire des autres animaux, les fonctionnements corporels humains ne sont pas limités par des processus naturels. Il n'y a pratiquement pas de frein biologique (saison du rut, ovulation, gestation, etc.) à l'attractivité de l'accouplement[1]. C'est pourquoi il a été nécessaire d'instaurer des freins culturels pour résister aux appétits organiques. Il ne nous appartient pas de déterminer si c'est parce que les humains ont « codifié » leurs pratiques sexuelles qu'ils sont devenus des animaux supérieurs ou si, à l'inverse, c'est leur conscience naissante qui leur a inspiré de brider leur énergie sexuelle. Toujours est-il que chez l'Homme, la sélection de partenaires, les démarches amoureuses et le rapprochement sexuel sont dictés par des règles culturelles.

---

[1] « Boire sans soif et faire l'amour en tout temps, Madame, il n'y a que ça qui nous distingue des autres bêtes », Pierre Augustin Caron de Beaumarchais (1732-1799), *Le mariage de Figaro,* II, 21.

La définition de la santé de l'O.M.S. – état de complet bien-être physique, mental et social – correspond étrangement à une description de la jouissance sexuelle, ce qui interroge forcément les juristes sur la frontière entre un acte thérapeutique et un acte sexuel. Il est intéressant de constater que la notion, de « consentement » est commune au domaine de l'intégrité corporelle et au domaine de la liberté sexuelle. Sans doute faut-il y voir deux prolongements du principe d'inviolabilité du corps humain. Dans les deux cas, un individu majeur est supposé bénéficier d'une autonomie de sa volonté lui permettant de choisir librement ce qu'il accepte et ce qu'il refuse. Il reste cependant la question morale universelle de la séduction entre partenaires psychologiquement asymétriques. Le beau peut-il moralement séduire le laid ? Le riche, le pauvre ? L'adulte mature, le jeune adulte écervelé ? Le valide, le handicapé ? Le soignant, le soigné ? Etc.

En matière de sexualité, le droit pénal contemporain repose sur un principe de liberté sexuelle[2], avec deux limites : certains partenaires sont interdits[3], et pour les autres, leur consentement est le seul critère pour départager les actes licites et illicites[4]. Au cœur de la complexité de la relation entre un patient et son thérapeute peuvent jaillir des sentiments divers tant positifs (la confiance, le respect, l'admiration, la reconnaissance, etc.) que négatifs (la peur, la méfiance, la haine et même la violence). Comment analyser l'hypothèse d'une relation de séduction volontaire ou pas, partagée ou pas ? Séduire, c'est, selon l'étymologie, l'action de détourner du bien (*se ducere* : conduire à soi), de faire tomber en faute. Certains

---

[2] « La loi n'interdit nullement de se « débaucher ». La nymphomanie, l'érotomanie, les rapports sexuels de groupe, la prostitution et autres formes de la débauche, au sens courant du terme, sont peut-être condamnables d'un point de vue moral ou éthique, elles ne le sont nullement sur le plan judiciaire. Le Commandeur entraînera peut-être Don Juan en enfer, il ne le traînera pas en prison », Olivier de Tissot, *La liberté sexuelle et la loi*, Balland, 1984, p.119.

[3] En particulier les mineurs de moins de quinze ans. Emmanuel Pierrat, *Le sexe et la loi*, Arléa, 1996.

[4] Xavier Pin, *Le consentement en matière pénale*, LGDJ, 2002.

n'hésitent pas à mettre en garde contre le piège de la séduction, présenté comme l'un des plus connus des médecins et l'un des plus unanimement réprouvés[5]. Nous nous proposons d'analyser deux hypothèses symétriques. La médecine de la sexualité & la sexualisation de la relation de soins.

Dans un premier temps, nous étudierons la médicalisation contemporaine de la sexualité (I), en nous appuyant sur les moyens pharmacologiques et chirurgicaux de réparer, d'améliorer ou d'abolir la sexualité humaine (A). Puis nous examinerons les expériences étrangères de suppléance à but psychologique de la solitude sexuelle au travers de la notion d'aidant ou d'accompagnant sexuel (B).

Dans un deuxième temps, nous aborderons l'hypothèse des relations sexuelles entre soignant et soigné (II). Après avoir présenté les risques d'abus de position dominante liés à la vulnérabilité du patient, au travers de la jurisprudence condamnant les viols et agressions sexuelles commis par des professionnels de santé (A), nous nous demanderons quelle valeur juridique peut avoir la prohibition morale classique de toute relation intime entre un thérapeute et son client (B).

## I - La médicalisation de la sexualité

La question de la médicalisation de la sexualité a acquis une grande visibilité publique et médiatique avec l'émergence de nouveaux traitements pharmacologiques des troubles sexuels. On assiste, par ailleurs, à un développement de l'abord médical concernant les relations entre un certain nombre de pathologies somatiques (le cancer et le sida notamment) et la « fonction sexuelle ». Ces préoccupations s'expriment de différentes façons, avec l'évaluation des conséquences et du retentissement des pathologies et de leur traitement sur l'activité sexuelle (la fonction

[5] Paul Bensussan, « Pratique médicale et sexualité : éthique et déontologie », *Sexologies*, 2003, vol. 12, n°43.

érectile des hommes et plus récemment les troubles du désir et de l'excitation sexuelle pour les femmes).

### A. L'assistance médicale à la sexualité

La médecine sexuelle en vient à postuler qu'une « bonne santé sexuelle » constitue la condition primordiale d'une « bonne santé » en général[6]. Ce postulat est consensuellement admis, y compris par le Conseil consultatif national d'éthique : « *Le CCNE souligne que toute amélioration des troubles de la vie sexuelle concourt au bien-être de l'individu. Cependant, la vie sexuelle diffère d'autres fonctions individuelles car elle n'est pas vitale, elle fait appel à l'interaction complexe de facteurs physiques et mentaux et renvoie souvent à la complémentarité d'un autre. C'est dire que cette complémentarité peut signifier au plan thérapeutique que l'on dépasse la simple prise d'un médicament* »[7].

Si les cultures traditionnelles proposent depuis toujours des aphrodisiaques, aux vertus plus ou moins efficaces[8], la médecine contemporaine est désormais sollicitée dans le même but de stimulation de la libido[9]. Les moyens de combattre les troubles de l'érection ont longtemps été rares et peu pratiques (pose chirurgicale de prothèse, pompe d'aspiration pénienne, injection de

---

[6] Article L. 1110-5 du Code de la santé publique : « Toute personne a, compte tenu de son état de santé et de l'urgence des interventions que celui-ci requiert, le droit de recevoir les soins les plus appropriés et de bénéficier des thérapeutiques dont l'efficacité est reconnue et qui garantissent la meilleure sécurité sanitaire au regard des connaissances médicales avérées. Les actes de prévention, d'investigation ou de soins ne doivent pas, en l'état des connaissances médicales, lui faire courir de risques disproportionnés par rapport au bénéfice escompté (…) ».

[7] CCNE, 18 novembre 1999, *Médicalisation de la sexualité : le cas du Viagra*. Réponse au Secrétaire d'État à la santé, avis n° 62.

[8] Pierre Chavot, *Les piments du désir – Histoire et secrets des aphrodisiaques*, Aubanel, 2002.

[9] Alain Jardin, Patrice Queneau, François Giuliano, *Progrès thérapeutiques : la médicalisation de la sexualité en question*, John Libbey Eurotext, 2001.

vasodilatateur dans les corps caverneux). La découverte inopinée du Viagra mérite d'être rappelée. Ce produit qui a révolutionné le traitement de l'impuissance en proposant aux hommes un simple médicament fut mis au point presque par accident par les laboratoires Pfizer qui testaient le sildenafil, principe actif du Viagra, comme médicament cardio-vasculaire et pour sa capacité à réduire la pression artérielle. Les sujets des tests ne voulaient pas rendre les reliquats de médicaments parce que l'un des effets secondaires était d'avoir des érections vigoureuses et prolongées. Après réorientation des objectifs de la recherche, le Viagra a été approuvé par l'agence fédérale américaine en charge des médicaments (FDA) le 27 mars 1998. Dix ans après sa mise sur le marché, la petite pilule bleue a été utilisée par 35 millions d'hommes dans le monde. L'apport à la pharmacopée n'est pas sans poser quelques problèmes. Ce médicament étant parfois utilisé comme un « simple » aphrodisiaque[10], au risque de perdre de vue certaines contre-indications médicales[11].

La question doit être étendue aux traitements hormonaux dont les propriétés comportent également des risques pour la santé des utilisateurs. En 2001, le Ministre de la Santé avait demandé à l'Agence française de sécurité sanitaire des produits de santé de réaliser une évaluation des effets « rajeunissants » liés à l'usage quotidien de la D.H.E.A. (déshydroépiandrostérone) : amélioration de la libido, de la qualité de la peau et de la densité osseuse. Les conclusions de cette étude menée par un groupe de scientifiques indépendants vont à l'encontre des publicités tapageuses

---

[10] Abraham Morgentaler, *The viagra myth - the surprising impact on love and relationships*, Hardback, 2003.

[11] CCNE, 18 novembre 1999, Médicalisation de la sexualité : le cas du Viagra. Réponse au Secrétaire d'État à la santé, avis n° 62 : « *Si le CCNE reconnaît dans un contexte pathologique déterminé le statut de médicament au Sildénafil et aux futurs produits proches en cours de commercialisation, il rappelle que la prescription doit toujours rester médicalement encadrée, et insiste sur le fait que le rôle du médecin ne peut, dans ce domaine, se réduire à une simple réponse technique. Au contraire, la médecine doit aider, en tant que de besoin, à une meilleure prise en charge de la vie sexuelle dans toute sa complexité* ».

américaines qui ont inondé le monde lors du lancement de ce produit. Non seulement les améliorations espérées sont sujettes à caution, mais ce qui est pire, des risques réels de maladie cardio-vasculaire et de cancer hormono-dépendant, tel que celui du sein ou de la prostate, sont liés à la consommation régulière et à long terme de la D.H.E.A.[12]. De même, la responsabilité de la prise d'un traitement hormonal substitutif (THS) dans la survenue d'un cancer du sein a été mise en évidence par de nombreux travaux récents, à partir du « fichier sein » de l'Institut Curie[13].

Le développement de la médecine esthétique n'épargne évidemment pas la correction de l'apparence des organes sexuels. La maîtrise de la chirurgie mammaire a fait depuis longtemps de cet acte une démarche très répandue[14]. Les règles ordinaires de responsabilité médicale trouvent application en la matière[15]. Les nouveautés se trouvent plutôt du côté de la correction chirurgicale de la vulve et des organes masculins. Selon le *British Medical Journal*, la vaginoplastie deviendrait très courante en Grande-Bretagne[16], tandis que la pénoplastie visant à allonger et/ou à épaissir le pénis serait de plus en plus demandée, sans que la dimension psychologique soit toujours bien évaluée[17].

---

[12] Rapport sur la DHEA, rédigé par l'AFSSAPS à la suite de la réunion d'un groupe d'experts ad hoc le 3 juillet 2001. http://www.afssaps.fr/.

[13] Camille Czernichow *et all.*, « Traitement hormonal substitutif de la ménopause et cancer du sein », *Bulletin du cancer*, 2007, vol. 94, n 5, pp. 469-475.

[14] Dr. Dominique Gros, *Le sein dévoilé*, Stock, 1987 ; Julien Glicenstein, « Histoire de l'augmentation mammaire », *Annales de chirurgie plastique esthétique,* oct. 2005, vol. 50, n° 5, pp. 337-349.

[15] Médard Lucien Ngaba, *Responsabilité médico-chirurgicale en matière de chirurgie reconstructrice et esthétique*, Thèse de droit, Sceaux, 2001 ; Jean-Philippe Belville, *La chirurgie esthétique en France. Histoire juridique de la construction d'une spécialité,* Thèse de droit, Lyon, 2006 ; Sophie Hocquet-Berg et Bruno Py, *La responsabilité du médecin*, Heures de France, 2006.

[16] Cité par Emmanuèle Peyret, « Les Anglo-Saxonnes très 'sex-design' », Libération, 30 mai 2007.

[17] L. Janackova *et all.*, « Aspects psychologiques de la pénoplastie », *Sexologie*, 2009, vol. 18, n° 3, pp. 225-227.

Même si l'amélioration de la sexualité peut être analysée comme une démarche thérapeutique, le principe fondamental de balance bénéfice/risque ne saurait être abandonné. « *Les actes de prévention, d'investigation ou de soins ne doivent pas, en l'état des connaissances médicales, faire courir de risques disproportionnés par rapport au bénéfice escompté* » (Code de la santé publique, art. L. 1110-5).

### B. L'assistance professionnelle à la sexualité

La question de l'épanouissement sexuel est passionnante parce qu'éminemment subjective, relative et évolutive. « *Lorsque votre vie sexuelle est réussie elle occupe 3 % de votre temps ; quand elle ne l'est pas, elle prend environ 97 % de vos préoccupations* »[18]. Les obstacles ou entraves à cet épanouissement peuvent être physiologiques et/ou psychologiques. A l'évidence, les laboratoires du médicament souhaiteraient pouvoir trouver et donc vendre aux femmes des « petites pilules roses » avec le même succès commercial que la fameuse « petite pilule bleue »[19]. Le développement contemporain de l'étude scientifique de la sexualité[20] montre heureusement que l'équilibre personnel et le sentiment de satisfaction ne sont pas réductibles à une posologie. La sexologie, qui n'est pas une spécialité exclusivement médicale[21], se nourrit de psychologie, de médecine, mais aussi d'humanisme et de bon sens[22].

---

[18] Seamus Heaney (poète irlandais, Prix Nobel de Littérature), L'Express, 9 novembre1995, p. 24.

[19] Elisabeth Gordon, « Les dysfonctions sexuelles féminines sont une invention de l'industrie pharmaceutique, affirme Leonore Tiefer », http://www.hebdo.ch/sexualite_feminine_halte_au_plaisir_medicalise_39784_.html.

[20] Nathalie Bajos, Alfred Spira *et all.*, *La sexualité au temps du sida*, PUF, 1998, suite de l'enquête Analyse de comportements sexuels en France, La documentation française, 1993, étude portant sur plus de 10000 personnes.

[21] « *Il m'avait toujours semblé que lorsque la sexualité tend à se muer en sexologie, la sexologie ne peut plus grand chose pour la sexualité* »,

En Allemagne, Angleterre, Belgique, Suisse et en Europe du Nord, des métiers émergent où la sexualité est assurée par des hommes et des femmes dont le travail est d'offrir des prestations sexuelles remboursées à des personnes handicapées[23]. Des pays comme le Canada ont des politiques d'avant-garde en la matière. Dans la planification des services, des solutions novatrices sont conçues pour satisfaire les attentes des résidents souhaitant avoir une activité sexuelle. En France, en revanche, la prostitution avec une personne fragilisée est punie par la loi[24]. Pourtant, depuis le 11 février 2005, la « *Loi pour l'égalité des droits et des chances, la participation et la citoyenneté des personnes handicapées* » ouvre le chapitre du Code de l'action sociale par une définition du handicap qui, après plusieurs épisodes d'une maturation lente et progressive (1975, 2001, 2002) offre des perspectives et impose à la société des exigences inédites. Cette loi signe un modèle du handicap pluridimensionnel, dynamique, centré sur l'interaction des facteurs individuels, sociaux, culturels et environnementaux. Elle prône une approche individualisée du handicap en imposant l'élaboration d'un projet de vie, émanant de la personne directement concernée, dans un échange permanent avec ceux qui l'accompagnent, qui soit le reflet de ses besoins et de ses désirs.. La question est de savoir si tout ce qui est susceptible de l'épanouir est contenu dans la loi, si le projet de vie se limite à une accessibilité qui doit s'envisager de manière physique (technique), communicationnelle ou si la dimension affective et/ou sexuelle doit être incluse. Les résistances explicites à toute évolution vers une

---

Romain Gary, *Au delà de cette limite votre ticket n'est plus valable,* Gallimard 1975.

[22] Les principaux pionniers de la sexologie sont Richard von Krafft-Ebing, Havelock Ellis, Bronislaw Malinowski et Sigmund Freud. Quant aux premières études scientifiques, elles n'ont été réalisées qu'après la Seconde guerre mondiale. Les premiers chercheurs étaient Alfred Kinsey et Masters & Johnson.

[23] C'est le cas au Danemark, en Allemagne (service Sensis) en Suisse (Pro Infirmis, qui délivre des adresses pour des « relations sexuelles payantes », et SEHP, Sexualité et Handicaps Pluriels) et aux Pays-Bas (SAR, Stiching Alternatieve Relatiebemiddeling).

[24] Article 225-12-1 du Code pénal, modifié par la loi du 18 mars 2003.

permission de certaines amours tarifées[25], fusse dans une logique thérapeutique, laissent craindre un long chemin à parcourir avant que le statut d'accompagnant ou aidant sexuel puisse émerger en droit français.

## II - La sexualisation de la relation de soins

La relation de soin emprunte à ses origines religieuses un discours sur l'a-sexuation et prône une posture d'abstinence. Pourtant, la réalité des faits impose de reconnaître que des désirs, des pulsions et des sentiments naissent et prospèrent parfois entre thérapeutes et patients. Les quelques études menées sur la question des relations amoureuses dans le cadre médical ont montré que de telles idylles n'étaient pas rares[26]. Il se noue donc parfois des relations intimes, y compris sexuelles, entre soignants et soignés. En France, la Section Disciplinaire du Conseil national de l'Ordre des médecins a eu à connaître une quarantaine d'affaires de ce type au cours des dix dernières années. Aux États-Unis sur 1 % des praticiens sanctionnés chaque année, 10 % des sanctions sont motivées par une conduite sexuelle inappropriée. Psychiatres et gynécologues seraient plus exposés que d'autres[27]. Où finit la liberté, où commence l'interdit ?

---

[25] http://www.mouvementdunid.org/Handicap-accompagnement-sexuel-ou-prostitution.

[26] 10 % des psychiatres américains selon l'American Psychiatric Association en 1986 ; 3 à 11 % des médecins danois selon l'AFP (24 février 2004).

[27] Pr. Bernard Hoerni, *Pratique médicale et sexualité*, Rapport adopté lors de la session de décembre 2000 : « La pratique médicale expose à des tentations sexuelles auxquelles de rares médecins, égarés ou dérangés, cèdent. Pourtant l'acte médical, permis par des droits particuliers reconnus aux médecins, a pour principe absolu de n'être d'aucune façon mêlé à une relation sexuelle. Il importe donc que les médecins en soient bien informés et convaincus et que leur formation les aide à éviter toute transgression. Comme tout écart expose à des conséquences fâcheuses voire dramatiques et doit être sanctionné, des dispositions ou précautions pratiques doivent être respectées, adoptées ou renforcées selon les situations ».

## A. La répression des infractions

Dès lors que le patient est juridiquement autonome et qu'il peut décider des actes qui concernent son corps, la question de la liberté sexuelle redevient une question de droit commun. « *Le consentement remplace la morale comme fondement de la bonne sexualité. (...) Le consentement devient la morale même de la sexualité* »[28]. Depuis la loi du 23 décembre 1980, le Code pénal connaît une définition précise du viol : « *Tout acte de pénétration sexuelle, de quelque nature qu'il soit, commis sur la personne d'autrui, par violence, contrainte, menace ou surprise est un viol* »[29]. L'infraction suppose, d'une part, un acte de pénétration sexuelle, d'autre part, que cet acte soit réalisé à l'égard d'une personne non consentante, et enfin qu'il soit réalisé consciemment. L'absence de consentement est un élément constitutif de l'infraction de viol. Or, en matière sexuelle comme dans d'autres domaines de la vie humaine, il est possible de surprendre le consentement de quelqu'un, c'est-à-dire d'obtenir sa coopération ou plutôt sa passivité par un artifice. Le médecin peut déraper et abuser de son pouvoir, comme un policier, un enseignant ou un prêtre[30].

---

[28] Jean-François Chassaing, « Le consentement, réflexions historiques sur une incertitude du droit pénal », in Daniel Borillo, *La liberté sexuelle,* PUF, 2005, p. 76.

[29] Article 222-23 du Code pénal. Bruno Py, *Le sexe et le Droit*, PUF, Que-sais-je, n° 3466, 1999, p. 54 et s.

[30] *« La chambre d'accusation a ordonné le renvoi devant la cour d'assises de A., du chef de viol aggravé ; aux motifs que Mme D. a toujours affirmé que, invitée par son médecin à se rendre dans une pièce sombre pour une séance de relaxation, et alors qu'elle était allongée sur ce qui lui avait semblé être un lit, il avait quitté la pièce pour réapparaître entièrement nu, s'était accroupi au bord du lit, lui avait massé les épaules puis, après lui avoir retiré rapidement le caleçon et le slip, s'était allongé sur elle et l'avait pénétrée, lui imposant un acte sexuel pendant lequel elle était restée sans réaction ; que Mme D. a ainsi été victime d'un viol par surprise ; (...) les experts qui l'ont examinée l'ont décrite comme non affabulatrice et ont exposé que sa passivité au moment des faits pouvait s'expliquer par l'anxiété et l'inhibition. (...) Attendu que les juges ajoutent que ces éléments concordants sont à*

Chacun sait que certains médicaments perturbent la lucidité, la vigilance et la capacité de résister. Il existe même des molécules ayant un effet désinhibiteur susceptible de transformer un individu timide en un libidineux outrancier. Deux situations différentes peuvent se présenter. D'une part, un auteur peu scrupuleux peut être tenté de faire absorber à sa future victime un produit dont il connaît les conséquences, dans le but de profiter d'elle. Certains parlent de soumission chimique. Si l'intensité des effets de la substance employée annihile le consentement de la victime, alors il y a viol par surprise[31]. D'autre part, certains professionnels de santé, sachant que tel ou tel traitement médical diminue la lucidité d'un patient, peuvent tirer parti d'un état de passivité causé par les produits absorbés[32].

S'il est bien une situation où il est évident qu'aucun consentement libre ne peut être exprimé, c'est l'hypothèse de l'anesthésie. Tout acte sexuel durant l'inconscience du patient est donc une agression ou un viol par surprise, que ce sommeil soit naturel, artificiel ou pathologique (coma). On trouve en jurisprudence le cas d'un gynécologue ayant commis de nombreux viols sur des patientes anesthésiées à l'occasion d'actes accomplis au cabinet médical[33]. Plus récemment, c'est un infirmier anesthésiste qui a été condamné pour des agressions sexuelles,

---

*analyser à la lumière des circonstances très particulières dans lesquelles les faits se sont déroulés et notamment de l'état de grande vulnérabilité dans lequel se trouve placée une femme face à son médecin dans le cadre d'une consultation médicale* » (C. Cas., Crim., 25 octobre 1994, n° 94-83.726).

[31] Pour le cas d'un médecin ayant administré un traitement inadapté (valium et calcibronat) afin d'affaiblir une jeune femme pour pratiquer sur elle des attouchements sexuels, voir C. Cas., Crim., 27 octobre 2004, n° 04-81.237.

[32] Condamnation d'un médecin qui ne donne aucune explication plausible à la visite au cours de laquelle il a fait en sorte de se retrouver seul avec Vanessa Y. à un moment où les facultés d'attention et de résistance de la jeune femme étaient affaiblies par l'absorption d'un relaxant, pour pratiquer un examen qui comportait un toucher au niveau du sexe (C. cas., Crim., 8 décembre 2004, n° 04-81.092).

[33] C. Cas., Crim., 21 avril 1998, n° 98-80.582.

caresses commises pendant la phase post-opératoire en salle de réveil[34]. Il faut toutefois rassurer les hospitalisés, d'une part, parce qu'un patient endormi n'est d'ordinaire jamais laissé seul avec un soignant et d'autre part, en raison de la vigilance aiguë du personnel de surveillance, majoritairement féminin.

Le législateur sanctionne plus sévèrement les infractions de viol ou d'agression sexuelle commises sur « *une personne dont la particulière vulnérabilité due à son âge, à une maladie, à une infirmité, à une déficience physique ou psychique, ou à un état de grossesse, est apparente ou connue de son auteur* »[35]. Il va de soi que cette circonstance sera souvent vérifiée dans les hypothèses de poursuites contre les soignants. Il importe néanmoins que la juridiction saisie caractérise expressément cette vulnérabilité. La Cour de cassation insiste sur l'importance que la cause de vulnérabilité soit connue de l'auteur[36]. La qualité de médecin est également une circonstance aggravante. Il est très important de veiller à distinguer l'infraction et la circonstance aggravante. Pour qu'il y ait viol ou agression sexuelle, il faut prouver qu'un acte a été imposé par violence, menace, contrainte ou surprise. Ensuite de quoi, se posera la question de l'aggravation de la répression. Autrement dit, toute relation sexuelle entre un médecin et son patient n'est pas présumée imposée. Tout médecin n'est pas considéré comme agresseur potentiel. Mais s'il est prouvé qu'un médecin a imposé un acte à dimension sexuelle à un de ses patients, alors cet acte est jugé plus sévèrement que s'il avait été commis par un non médecin[37].

---

[34] C. Cas., Crim., 24 novembre 2004, n° 04-83548.

[35] C. pén., art. 222-24-3° : viol ; C. pén., art. 222-29-2° : agressions sexuelles

[36] Ainsi au sujet d'un viol sur une jeune femme hémiplégique (C. Cas., Crim., 11 décembre 1996, n 96-82.303).

[37] « *L'arrêt de la chambre de l'instruction ne caractérise pas l'usage par le docteur X... de la violence, la contrainte, la menace ou la surprise, élément constitutif du viol et des agressions sexuelles, qui ne peut se déduire ni de la qualité de personne abusant de l'autorité que lui confèrent ses fonctions ni de la qualité de personne particulièrement vulnérable des victimes, qui ne constituent que des circonstances*

**B. La tolérance de la séduction**

Le droit pénal et le pénaliste savent bien que l'homo sapiens n'est pas forcément, comme le croient les économistes, un *homo-economicus* totalement rationnel. Ni le soignant, ni le soigné ne sont à 100 % rationnels, et il peut y avoir entre eux échange de regard, d'odeurs, de fluides et pourquoi pas de sentiments, de rapprochements amoureux. Ce ne sont pas des êtres purement cérébraux. Si l'on admet que les pulsions sont animales mais que les comportements sont sociaux, que certains comportements sont inspirés par des ressorts inconscients et que les normes pénales fondent une hiérarchie des valeurs sociales, alors on doit admettre que l'activité de soin est une activité professionnelle humaine qui connaît des cas de passage à l'acte délinquant qui doivent être sanctionnés de manière aggravée (c'est ce que propose le Code pénal actuel), mais qu'il n'y a aucune raison de prohiber systématiquement le rapprochement. Ou alors, il faudrait demander au soignant, le jour où il entre dans la profession, de faire vœu de chasteté, ce qui n'a pas été invoqué depuis fort longtemps…

A défaut de pouvoir écarter le risque de séduction, ou de pouvoir a-sexuer le soin, le Conseil National de l'Ordre des Médecins souhaiterait au moins éviter la confusion des genres. Le CNOM conclut son rapport sur la question sur une note optimiste : « cependant une authentique relation amoureuse peut émerger entre un soignant et un soigné : le soigné doit alors être pris en charge par un autre soignant »[38]. Il faut néanmoins relever que ce conseil confraternel n'est qu'indicatif. Si l'Ordre national des médecins craint réellement qu'une relation thérapeutique puisse « déraper » en une relation amoureuse au point de vouloir en faire un interdit absolu, il faudrait alors l'ériger en prohibition textuelle explicite. La cohérence voudrait alors que cette incompatibilité entre sexualité et soin soit symétrique. Le Code de déontologie pourrait prévoir qu'un médecin tombant « en amour » devrait cesser de

---

*aggravantes desdites infractions* » (C. Cas., Crim., 13 octobre 2004, n 04-84.553).

[38] Rapport B. Hoerni, C.N.O.M., décembre 2000.

soigner, mais la réciproque devrait être respectée. Il devrait être prohibé pour un médecin de commencer à soigner une personne avec qui il a déjà eu des relations sexuelles, une idylle, une relation amoureuse ou conjugale... Celui qui ne peut aimer celle qu'il soigne, ne peut soigner celle qu'il aime ! Ce serait alors un nouveau tabou déontologique[39]. Une nouvelle prohibition sexuelle impossible à justifier[40].

Reste la question morale universelle de la séduction entre partenaires psychologiquement asymétriques. Le beau peut-il moralement séduire le laid ? Le riche, le pauvre ? L'adulte mature, le jeune adulte écervelé ? Le valide, l'handicapé ? Etc. En matière de sexualité, le droit pénal contemporain repose sur un principe de liberté sexuelle[41], avec deux limites : certains partenaires sont

---

[39] « *Dans toute culture nous trouvons avant tout des systèmes tabous bien précis, destinés à rendre inaccessibles les uns aux autres certains individus de sexe opposés, à enlever à des catégories entières la possibilité de devenir éventuellement des partenaires* », Bronislaw Malinowski, *La sexualité et sa répression dans les sociétés primitives*, Payot, 1969, p.163.

[40] En Afrique du sud, les relations sexuelles interraciales ont fait l'objet d'un encadrement législatif dès 1927, par l'Immorality Act, qui interdit tous rapports sexuels hors mariage entre Européens et *Bantou.* Par un amendement de 1950, le législateur étend l'interdiction à toutes les catégories de non-Blancs, l'*Immorality Act* de 1957 érige cette interdiction en délit passible de 7 ans de prison. Sur l'histoire tragique d'un médecin blanc épris d'une patiente noire, voir Damon Galgut, *Un docteur irréprochable*, Éditions de l'Olivier, Paris, 2005.

[41] « La loi n'interdit nullement de se « débaucher ». La nymphomanie, l'érotomanie, les rapports sexuels de groupe, la prostitution et autres formes de la débauche, au sens courant du terme, sont peut-être condamnables d'un point de vue moral ou éthique, elles ne le sont nullement sur le plan judiciaire. Le Commandeur entraînera peut-être Don Juan en enfer, il ne le traînera pas en prison. » Olivier De Tissot, *La liberté sexuelle et la loi*, Balland 1984, p.119.

interdits[42] et pour les autres le consentement est le seul critère pour départager les actes licites et illicites[43].

Vers un délit de séduction dolosive ? On notera toutefois un courant actuel de victimophilie, cumulé à une demande croissante de pénalisation, lesquels montrent d'ores et déjà des signes inquiétants pour les partisans de l'autonomie personnelle. L'enjeu est celui de la protection de la personne contre elle-même[44]. La loi doit-elle interdire à l'individu de consentir à certains actes impliquant son corps[45] ? Le débat fut intense au sujet du projet d'incrimination de la manipulation mentale, terme auquel fut finalement préféré celui d'abus d'une personne en état de sujétion psychologique ou physique[46].

D'autres initiatives souhaiteraient punir, qui une ambiance sexuelle[47], qui toute forme de violence psychologique[48]. « *Le risque d'arbitraire est présent dans toute volonté de protection des individus contre eux-mêmes* »[49]. Présumer un patient inapte à consentir aux actes qui touchent à son corps, de quelque nature

---

[42] En particulier les mineurs de moins de quinze ans, Emmanuel Pierrat, *Le sexe et la loi*, Arléa 1996.

[43] Xavier Pin, *Le consentement en matière pénale*, LGDJ, 2002.

[44] Catherine Labrusse-Riou, « L'intégrité du corps humain est protégée par le consentement et malgré le consentement », in Bernard Edelman, *L'homme, la nature et le droit*, Christian Bourgois, 1988, p. 335.

[45] Marcella Iacub, « La confusion du consentement », in *Bêtes et victimes*, Stock, 2005, p.166 ; Michela Marzano, *Je consens, donc je suis…*, PUF, 2006.

[46] Loi n 2001-504 du 12 juin 2001 tendant à renforcer la prévention et la répression des mouvements sectaires portant atteinte aux droits de l'homme et aux libertés fondamentales créant un article 223-15-2 du Code pénal.

[47] Proposition de loi relative à la création d'un délit global de harcèlement, présentée par Mme Valérie Pécresse, n 1260, AN, 27 novembre 2003. Bruno Py, « Le harcèlement moral et la jurisprudence pénale », Semaine sociale Lamy, juillet 2007, n 1315, p. 13.

[48] Proposition de loi cadre contre les violences faites aux femmes, présentée par Mme Marie-Georges Buffet, n 525, AN, 20 décembre 2007.

[49] Dominique Bussereau, lors des débats parlementaires du 30 mai 2001 à l'Assemblée nationale, à propos du délit d'abus de faiblesse.

qu'il soit, contreviendrait à 50 années d'émergence de son autonomie personnelle, alors même que le droit pénal positif punit d'ores et déjà le médecin agresseur sexuel[50].

[50] « *Quiconque est prêt à sacrifier sa liberté pour un peu de sécurité provisoire ne mérite ni l'une ni l'autre et finira par perdre les deux* », Thomas Jefferson (1743-1828, 3ème Président des États-Unis).

# Partie 3 : Le sexe pénalisé

## Pénalisation du BDSM[1] : des pratiques sexuelles condamnées par les juridictions nationales et européennes ?[2]

Malha Naab,
Allocataire de recherche,
Laboratoire Droits et perspectives du droit, Centre R. Demogue.

« Moi, Séverin von Kusiemski, cesse, à dater de ce jour, d'être le fiancé de Mme Wanda von Dunajew. Je renonce à tous les droits que me procurait ma qualité d'amant et, m'engage, par ce contrat, à être l'esclave de Mme von Dunajew. [...] Mme Von Dunajew pourra non seulement châtier son esclave pour la moindre négligence ou la moindre faute selon son plaisir, mais elle aura aussi le droit de le maltraiter comme il lui plaira, selon son humeur ou même seulement pour se distraire. »

Léopold Von Sacher-Masoch, *La Vénus à la fourrure*, Paris, Les Solitaires Intempestifs, 2008, p. 58.

Dans la vie comme dans l'œuvre de Sacher-Masoch, la relation amoureuse ne peut s'exprimer qu'à travers un rituel épistolaire ponctué par un contrat formalisant soigneusement non seulement les fantasmes de ses auteurs, mais aussi leur consentement. Le contrat apparaît donc comme une condition substantielle de la relation amoureuse. Le caractère singulier de ce type de convention donna naissance à une pratique[3], le masochisme très souvent avoisiné au sadisme, hérité du marquis de Sade. On parle alors communément de sadomasochisme.

---

[1] Le BDSM est un acronyme qui est le résultat de la combinaison de trois autres acronymes : BD (bondage et discipline), DS (domination et soumission) et SM (sadomasochisme).

[2] Ce texte reprend la communication d'une journée d'étude et fera prochainement l'objet d'un article plus approfondi.

[3] Au milieu du XIX siècle, la sexopathologie incarnée entre autres par Richard von Krafft-Ebing et Havelock Ellis, théorise le sadisme et le masochisme comme des perversions sexuelles.

Sorti de sa clandestinité depuis le début des années 1990 avec la naissance des subcultures « Dark et fétish » mais également celle du « porno chic » dans les domaines de la mode, de la publicité ou encore du cinéma[4], l'univers sadomasochiste reste aujourd'hui assez méconnu voire, pour nombre de ses adeptes, incompris. Le BDSM consensuel s'apparenterait, en réalité à une sorte de laboratoire d'expérimentation du corps qui « *réhabilite la douleur physique, la soumission, l'angoisse, mais aussi à travers celles-ci l'irrationnel, le mystique* »[5]. Cette sexualité extrême aux aspects hétéroclites s'est progressivement échappée de la catégorisation de perversion sexuelle pour devenir une pratique ludique esthétisée voire un mode de vie aux allures subversives défiant la morale et l'ordre sexuel. Ses acteurs sont ainsi à la recherche d'une corporéité conceptuelle sans cesse renouvelée, qui transcenderait la simple jouissance physique.

Fessée, flagellation, *bondage*, scarification, tatouage, *branding*[6], lavement, croix de Saint-André, mise à prix d'esclaves forment quelques unes des activités sadomasochistes jugées perverses pour les profanes et ludiques pour les initiés. L'aspect violent voire délétère de ce type de pratiques marque les esprits au prix du déni de leur nature contractuelle, du moins, semble-t-il, jusqu'en 2005 pour les juges de la Cour européenne des droits de l'homme. En effet, moins de dix ans après l'arrêt *Laskey, Jaggard et Brown c/Royaume-Uni* du 19 février 1997[7] rappelant la pénalisation de pratiques sadomasochistes librement consenties au nom de la protection de la santé conformément aux dispositions de l'article 8 de la Convention, la Cour européenne des droits de l'homme semble opérer un revirement dans son arrêt *K. A. ET A. D. c/ Belgique* du 17 février 2005[8].

---

[4] Voir P. Rigaut, *Le fétichisme ? Perversion ou culture* ?, Paris, Belin, 2004.
[5] *Ibid.*, p. 13.
[6] Marquage au fer rouge.
[7] CEDH, 17 février 1997, Affaire *Laskey, Jaggard et Brown c/Royaume-Uni.*
[8] CEDH, 17 février 2005, *Affaire K. A. ET A. D. c/ Belgique.*

Fondant sa décision sur des considérations déjà affirmées dans l'arrêt *Pretty c/Royaume-Uni* du 29 avril 2002, la Cour justifia les condamnations pénales prononcées en vertu de la « *protection des droits et libertés d'autrui* »[9]. Or, l'invocation ici de la notion d'autonomie personnelle couplée au droit de disposer de son corps semble coiffer le consentement d'un « *halo d'immunité* »[10] au point d'empêcher toute éventuelle incrimination pénale en termes de pratiques sexuelles consenties. En l'espèce, lors d'une séance sadomasochiste, les requérants avaient poursuivi leurs actes, tout en buvant de grandes quantités d'alcool, alors que leur partenaire avait expressément prononcé le mot par lequel il devait mettre un terme aux opérations en cours. La Cour rejette, en définitive le recours au motif que les requérants n'avaient, en l'occurrence pas respecté la liberté de la « victime » dans la poursuite de ces pratiques à caractère sadomasochiste.

Ce « revirement » signifie-t-il que les juges européens adhèrent à l'idée d'un « contrat BDSM » ? Dans ce cas, considèrent-ils que le consentement soit un mode d'organisation juridique des relations sadomasochistes ? La Cour européenne des droits de l'homme ouvrirait-elle alors inopinément au BDSM les portes du droit des contrats ?

Défini sociologiquement comme une « *relation particulière dans laquelle les individus s'engagent, de manière consentante, dans une interaction dominant/dominé, le savent, font référence à un certain nombre de représentations, et le disent* »[11], le sadomasochisme est une pratique sexuelle insérée dans un contrat (I). L'univers des sexualités extrêmes soulève par leur singularité plus de questions que de réponses particulièrement dans le domaine juridique et ce, depuis 2005, avec la prise en compte du consentement par les juges européens, pierre angulaire du contrat sadomasochiste (II).

---

[9] CEDH, 29 avril 2002, *Affaire Pretty c/Royaume-Uni*, § 83.

[10] D. Roman, « Le corps a-t-il des droits que le droit ne connaît pas ? », D.2005, p. 1511.

[11] V. Poutrain, *Sexe et pouvoir. Enquête sur le sadomasochisme,* Paris, Belin, 2003, p. 11.

## I – Des pratiques sexuelles insérées dans un contrat

### *Le sadomasochisme, un jeu sexuel ritualisé*

Les pratiques sexuelles sadomasochistes suscitent aujourd'hui, malgré une plus grande visibilité la curiosité, l'incompréhension et parfois même l'effroi. Comment peut-on raisonnablement imaginer qu'une personne confie son corps et se soumette de son plein gré à une autre afin que cette dernière la domine ? En réalité, le sadomasochisme est entendu comme une « *relation consentante, négociée, et contractualisée* »[12] intégrant une dimension éthique basée comme le montre la sociologue Véronique Poutrain sur l'acronyme SSC : sain, sûr et consensuel. Le contrat occupe donc une place nécessaire et structurante au sein des relations BDSM. Gilles Deleuze ne disait d'ailleurs pas autre chose dans son analyse distinctive du sadique pensant en termes de possession absolue et du masochiste en termes d'alliance contractualisée[13]. Il n'y a donc pas de masochisme sans contrat et pas de sadisme sans une jouissance totale et transgressive[14] alors que pour la théorie freudienne, ces deux perversions sont complémentaires et coexistent au sein d'une même personne[15].

Les échanges épistolaires « *font partie du langage masochiste, alors qu'elles sont exclues du vrai sadisme. C'est pourquoi aussi le masochiste élabore des contrats tandis que le sadique abomine et déchire tout contrat. Le sadique a besoin d'institutions, mais le masochiste, de relations contractuelles* »[16]. Les véritables sadisme

---

[12] V. Poutrain, « Un corps sans limites : sadomasochisme et auto-appartenance », *Cités,* 2005, n°21, p. 33.

[13] G. Deleuze, *Présentation de Sacher-Masoch*, Paris, Editions de Minuit, 1967, p. 20.

[14] V. B. Edelman, « Naissance de l'homme sadien », *Droits*, 2009, n°49, p.107-133 ; F. Ost, Sade et la loi, Paris, Odile Jacob, 2005.

[15] S. Freud, Trois essais sur la théorie sexuelle, Paris, Gallimard, 1987, p. 71 ; S. Freud, « Le problème économique du masochisme », in *Névrose, psychose et perversion*, Paris, PUF, Coll. « Bibliothèque de psychanalyse », 1995, p. 287.

[16] G. Deleuze, *Présentation de Sacher-Masoch, op. cit.,* p. 20.

et masochisme ne sont donc pas amenés à se rencontrer puisque « *chaque personne d'une perversion n'a besoin que de l'* « *élément* » *de la même perversion, et non pas d'une personne de l'autre perversion* »[17]. Deleuze discrédite ainsi la plaisanterie bien connue de la rencontre entre un masochiste et un sadique, le premier demandant à l'autre « fais-moi mal » et le second répondant « non ». Bien que le philosophe rompt avec l'interprétation commune et unitaire du sadomasochisme, il n'en reste pas moins que ces pratiques se construisent sur ces canevas mettant en scène des rapports de pouvoir expérimentant entre autres, une érotisation de la douleur physique, autrement appelée algolagnie. Si le sadomasochisme trouvait autrefois une place privilégiée au sein des déviances sexuelles, celui-ci se caractérise désormais, essentiellement, par son consensualisme et sa théâtralisation. Cependant, la douleur n'est pas imaginée mais participe, en réalité, à la construction de ces scénarios érotico-ludiques. Loin de la psychanalyse, les acteurs du BDSM revendiqueraient à travers ces jeux ritualisés une forme de liberté sexuelle inscrite dans une logique de contestation et d'affranchissement des schèmes érotiques imposés par la pensée dominante[18]. Le contrat déterminerait ainsi les frontières d'un espace de jeu sacrificiel d'ordre symbolique créé par ses protagonistes avisés où la transgression et l'imprévu sont toujours possibles.

### *Le sadomasochisme, hybridation entre pratiques sexuelles et normes contractuelles*

Communément admises comme violentes et inhumaines, les activités sadomasochistes doivent résulter d'un accord de volonté entre tous les participants dans le respect et la sécurité de chacun. Ses adeptes construisent et délimitent par le biais d'un « contrat » des scénarios au sein desquels ils savent endosser et veulent endosser un rôle soit de « sadique » ou de « masochiste ». En dépit

[17] *Ibid.*, p. 38.
[18] V. M. Foucault, *Histoire de la sexualité, la volonté de savoir*, Paris, Gallimard, 1976.

de cette répartition formalisée, certains de ces acteurs pratiquent la réversibilité (*switch*), notamment pendant une séance. Dans ces jeux de rôles, l'un aura donc choisi d'être dominant et l'autre dominé, c'est pourquoi le véritable sadisme caractérisé, entre autres, par la volonté « *d'infliger une douleur non souhaitée, non espérée* »[19] ne trouve pas à s'exprimer au sein de ce type de relations consensuelles. Une transgression de ces mises en scènes ne peut être exclue mais placerait directement son auteur sous le coup de la loi pénale conformément à l'application de l'article L 222-1 dudit Code relatif à la torture et aux actes de barbarie portant atteinte à l'intégrité de la personne. Ce n'est donc pas le BDSM consensuel qui est pénalisé mais le véritable sadisme.

A travers son enquête et ses entretiens, Véronique Poutrain explore cet « *outre-monde* »[20] sadomasochiste ainsi que ses contrats dont les clauses sont, en général, très similaires. Prenons à titre d'exemple un extrait de celui-ci :

« *Les parties sont respectivement désignées comme Maître et esclave.*

*L'esclave, anciennement libre de sa propre personne, accepte et établit qu'il veut et a l'intention de se livrer complètement entre les mains de son Maître. Le Maître accepte et établit qu'il veut et a l'intention de prendre possession de l'esclave. Par signature de ce contrat d'esclavage, il est convenu que l'esclave donne tous les droits sur sa propre personne, et que le Maître prend entièrement possession de l'esclave comme propriété.*

*Rôle de l'esclave*

*L'esclave accepte d'obéir et de se soumettre complètement à son Maître en toutes choses. Il n'y a aucun endroit, instant ou situation dans lequel l'esclave pourrait refuser d'obéir à un ordre ou une directive du Maître, excepté dans les situations où le droit de veto s'applique.*

---

[19] V. Poutrain, « Un corps sans limites : sadomasochisme et auto-appartenance », *op. cit.*, p. 35.

[20] P. Rigaut, *Le fétichisme ? Perversion ou culture ?*, *op. cit.*, p. 13.

*L'esclave accepte aussi par signature de ce contrat d'esclavage que son corps appartienne au Maître qui en usera comme bon lui semble.*

*[...]*

*Mot de passe*

*Si l'esclave sent qu'un ordre ou une punition va nettement au-delà de ses limites, il peut faire usage d'un mot de passe convenu avec le Maître pour stopper immédiatement une action ou une punition. Il va de soi que, lors d'une autre séance, l'esclave devra dépasser ses limites.*

*Veto de l'esclave*

*L'esclave peut user d'un mot de veto convenu avec son Maître pour refuser un ordre qui mettrait en péril sa vie professionnelle ou son intégrité physique.*

*[...]*

*Rôle du Maître*

*Le Maître accepte la responsabilité du corps et de l'esprit de l'esclave et en prend possession. Le Maître accepte que sa possession soit faite de telle façon qu'elle ne mette pas en danger la vie de l'esclave. Le Maître accepte aussi d'entraîner l'esclave, de punir l'esclave, et d'user de lui selon son bon plaisir* »[21].

Les sadomasochistes forment par conséquent, « *une convention par laquelle une ou plusieurs personnes s'obligent, envers une ou plusieurs autres, à donner, à faire ou à ne pas faire quelque chose* »[22]. Sous cette apparence contractuelle, il ne s'agit pas seulement ici de connaître et de négocier les désirs ou les plaisirs de son partenaire mais aussi d'imposer des règles strictes à ces jeux érotiques. La violence est donc canalisée telle qu'elle l'est pour certaines pratiques sportives et les actes d'humiliations consentis. D'autres conduites extrêmes (chute libre, escalade, sports de glisse,

---

[21] V. Poutrain, *Sexe et pouvoir. Enquête sur le sadomasochisme*, *op. cit.*, p. 55- 58.

[22] Article 1101 Code civil.

navigation en solitaire, etc.) ont en commun avec le BDSM ce goût du risque où le corps n'est finalement qu'un instrument aux services d'un culte du dépassement de soi et de la recherche d'adrénaline. Néanmoins, le soumis ou l'esclave dispose toujours librement de son corps puisqu'il peut à tout moment rompre la relation contractuelle par la prononciation d'un *safe word*[23], gage de son consentement. Compte tenu de ces éléments, la convention BDSM s'apparente étrangement au contrat tel qu'il est défini par le Code civil. Pour autant, est-il possible d'imaginer une reconnaissance de l'existence du « contrat » sadomasochiste au regard de l'évolution jurisprudentielle en la matière?

## II – Vers une reconnaissance de l'existence d'un contrat BDSM par la jurisprudence ?

### *Le consentement, un mode d'organisation juridique des pratiques BDSM*

Malgré une nature sociologiquement contractualisée, aucun effet juridique n'était attribué tant sur le plan pénal que civil aux relations sadomasochistes, pourtant structurées par la rencontre des volontés. Jusqu'à l'arrêt *K. A. ET A. D. c/ Belgique* du 17 février 2005, la jurisprudence européenne[24] considérait les pratiques sexuelles à caractère sadomasochiste comme des violences volontaires voire des actes de torture et de barbarie. Les règles coutumières à la communauté BDSM n'influençaient en aucune mesure la qualification de l'infraction et faisaient même de ses adeptes des « *hors-la-loi sexuels* »[25].

Depuis, la Cour européenne des droits de l'homme semble avoir révisé sa position en constituant un rempart contre toute immixtion du droit pénal dans le domaine des pratiques sexuelles librement

---

[23] Mot de passe convenu avec le « Maître » pour stopper immédiatement une action ou une punition.

[24] CEDH, 17 février 1997, *Affaire Laskey, Jaggard et Brown c/Royaume-Uni.*

[25] B. Cossman, « Dresser les indisciplinés : les hors-la-loi sexuels et le Cour Suprême du Canada », in *La liberté sexuelle*, D. Borillo et D. Lochak (dir.), Paris, PUF, 2005, p. 187.

consenties par sa référence à la notion d'autonomie personnelle et du droit de disposer de son corps[26]. L'absence en 2005, d'invocation du principe de dignité de la personne humaine – tant décriée par certains commentateurs[27] – marquerait-elle le début d'une nouvelle ère plus permissive ou sonnerait-elle le glas d'un ordre moral sexuel socialement construit ? La prise en compte du consentement en 2005 par les juges européens pourrait permettre au sadomasochisme de « *s'affranchir de la morale traditionnelle et du discours médical, qui obscurcit souvent l'analyse juridique* »[28]. Le consentement déterminerait ainsi le caractère licite d'une activité pratiquée par des adultes consentants.

Désormais, seules des « raisons particulièrement graves »[29] pourraient faire exception à cette nouvelle interprétation de l'article 8[30] de la Convention semblant trouver un écho auprès des juridictions nationales[31]. Il est vrai que nous ne disposons que de peu de jurisprudence en la matière mais l'arrêt récent rendu par la 1re chambre correctionnelle de la Cour d'appel de Grenoble du 11 mars 2009 viendrait confirmer les limites de cette vague de liberté sexuelle. Dans cette affaire, les juges ont confirmé la condamnation d'un individu pour violences volontaires commises lors du tournage d'un film à caractère sadomasochiste sur la personne de sa compagne non consentante. Bien que les scènes aient été discutées entre les deux protagonistes, les faits nous révèlent que le prévenu « *avait insisté* » pour que sa compagne prête son concours au film et que cette dernière « *avait accepté*

---

[26] CEDH, 29 avril 2002, *Affaire Pretty c/Royaume-Uni.*

[27] M. Fabre-Magnan, « *Le sadisme n'est pas un droit de l'homme* ? », D., 2005, p. 2973.

[28] D. Borillo, *Le droit des sexualités*, Paris, PUF, 2009, p. 11.

[29] CEDH, 17 février 1997, *Affaire Laskey, Jaggard et Brown c/Royaume-Uni,* §84.

[30] Le principe d'autonomie personnelle a dans un premier temps, été consacré par l'article 8 de la Convention puis a été étendu à son article 11 par l'arrêt *Sorensen et Rasmussen c/ Danemark* du 11 janvier 2006, laissant ainsi penser à sa généralisation à l'ensemble des droits garantis par la CEDH.

[31] Cass. Crim., 24 juin 2008, n°08-82774 ; CA Grenoble, 1ère Ch. Correctionnelle, 18 mars 2009.

*sous la pression et la peur qu'il ne la frappe* ». D'ailleurs, c'est elle qui en 2001 déposa plainte auprès des services de police reprochant à son compagnon des comportements violents initialement qualifiés d'actes de torture et de barbarie tant dans leurs relations quotidiennes que lors de la réalisation d'un film présentant un caractère sadomasochiste. En vertu de la jurisprudence européenne, l'incrimination pénale était donc légitime eu égard à l'absence de consentement de la « *victime* ».

Cette nouvelle lecture de l'article 8 de la Convention marquerait-elle alors incidemment l'ouverture du droit des contrats aux pratiques BDSM ? D'ailleurs, Jean-Pierre Marguénaud ne se demandait-il pas en 2007 si *« la Cour de Strasbourg ne s' [était] pas enfermée dans une logique qui la conduirait à l'aberration de donner force conventionnelle à de telles acceptations* »[32] ? La dépénalisation des pratiques sexuelles consenties à caractère sadomasochiste pourrait alors former la première étape vers la reconnaissance de l'existence d'un contrat BDSM. Convention qui se caractériserait par « *un emploi renouvelé du contrat qui, au-delà de la fonction d'échange qui lui est traditionnellement dévolue, se [verrait] investi d'une fonction normative* »[33]. Résultant d'un ensemble d'usages sociaux préalablement établis par un groupe donné, le BDSM consensuel tendrait alors à sa reconnaissance juridique, eu égard à l'évolution jurisprudentielle dont il fait l'objet. Par son affranchissement du domaine traditionnel du contrat, la convention sadomasochiste aurait pour fonction d'encadrer ces jeux érotiques pratiqués entre adultes consentants. D'ailleurs, le contrat permet également par sa nature conceptuelle en perpétuelles mutations de *« promettre, échanger, établir des rapports de pouvoir, créer des êtres juridiques, et même des*

---

[32] J-P. Marguénaud, « Sadisme, masochisme et autonomie personnelle », in *Sexe, sexualités et droits européens*, O. Dubos et J-P. Marguénaud (dir.), Paris, Pedone, 2007, p. 90.

[33] S. Chassagnard-Pinet, D. Hiez, « Le système juridique français à l'ère de la contractualisation », in *La contractualisation de la production normative,* Paris, Dalloz, 2008, p. 4.

*personnes* »[34]. Il s'agit bien, en l'espèce, d'établir et d'encadrer des rapports de pouvoir énonçant les comportements de chacun, les contraintes réciproques et les limites à ne pas dépasser.

Si on décide d'approfondir l'analogie, pourquoi ne pas envisager la convention BDSM comme relevant de la théorie générale des contrats définie dans le Code civil ? Cette prise en considération du consentement comme mode d'organisation juridique des relations sadomasochistes suffit-elle à déterminer la consécration d'une telle convention ? Peut-on alors parler de contrat au sens juridique du terme ? Une réponse spontanée serait a priori négative car des questions pourraient rester en suspens notamment la cause et l'objet concernant la formation du contrat mais aussi au moment de son exécution, la nature juridique du *safe word.*

***Possibilité d'une reconnaissance de la validité juridique d'un contrat BDSM***

L'article 1108 du Code civil dispose que « *quatre conditions sont essentielles pour la validité d'une convention : le consentement de la partie qui s'oblige ; sa capacité de contracter ; un objet certain qui forme la matière de l'engagement ; une cause licite dans l'obligation* ». La convention BDSM telle que définie sociologiquement supposerait la capacité et le consentement libre et éclairé des participants. Pour cela, il faut que la personne qui souhaite contracter soit en mesure d'émettre une volonté réelle. Le contractant doit donc être apte à consentir, c'est-à-dire en pleine possession de ses facultés mentales et l'accord de volonté ne doit pas être entaché par un vice (erreur, dol ou violence). D'ailleurs, dans l'arrêt rendu par la 1ère chambre correctionnelle de la Cour d'appel de Grenoble du 11 mars 2009 portant sur des faits à caractère sadomasochiste, le consentement de la compagne du prévenu était vicié puisqu'il avait été obtenu par la violence, caractérisé ici par un sentiment de crainte (article 1112 du Code

[34] G. Lewkowicz, M. Xifaras, « Repenser le contrat. Droit et philosophie face aux nouvelles pratiques contractuelles » in *Repenser le contrat*, Paris, Dalloz, 2009, p. 1.

civil). Juridiquement, la validité d'un contrat ne peut se limiter à la réunion de la capacité et du consentement. Il faut également un objet certain et une cause licite, sources éventuelles de difficultés dans la qualification d'une telle convention.

La route de la formation de la convention sadomasochiste semblerait *a priori* semée d'embûches à l'aune d'une conception du contrat en tant que source d'obligation. Cette convention donnerait naissance à des obligations de faire ou de ne pas faire, aisément identifiables et possibles. Si la convention sadomasochiste se résumait à une obligation de faire ou de ne pas faire, la qualification de l'objet d'un tel contrat serait moins hasardeuse. L'obligation serait alors aisément déterminée et possible. Seul le critère de licéité pourrait venir freiner une telle entreprise. Mais nous sommes en droit de penser que la dépénalisation progressive par la Cour Européenne des droits de l'homme de ces pratiques sexuelles librement consenties renverserait cet obstacle.

Par ailleurs, le fantasme de la prostitution, faisant partie intégrante des pratiques sadomasochistes poserait également problème. Des individus peuvent effectivement, désirer être prêtés, voire loués par leur maître ou leur dominatrice. Or, la doctrine distingue l'objet du contrat, soit l'opération juridique que les parties ont en vue de l'objet des obligations. Si les obligations naissant d'un contrat sadomasochiste peuvent constituer un objet certain, cela ne postule pas pour autant leur licéité. Et, si l'objet d'une obligation du contrat portait sur l'acte prostitutionnel alors, seul l'objet de cette obligation serait illicite et non l'objet du contrat. En effet, les études sociologiques semblent révéler que l'acte prostitutionnel ne constituerait qu'une corde à l'arc de l'univers BDSM. En revanche, on ne peut affirmer qu'il constituerait de manière systématique une obligation accessoire. Dans cette hypothèse, l'objet du contrat serait illicite si ce fantasme représentait l'obligation essentielle de la convention.

En conséquence, la difficulté de la qualification juridique de l'objet de la convention BDSM semble surmontable mais en va-t-il de même concernant la cause du contrat ?

L'article 1131 du Code civil précise l'exigence posée par l'article 1108 du même Code en indiquant que « *l'obligation sans cause, ou sur une fausse cause, ou sur une cause illicite, ne peut avoir aucun effet* ». La cause du contrat doit donc exister et être conforme à la loi. Le critère de l'existence de la cause ne pose ici, en apparence pas de difficulté puisque les motivations de chaque « contractant » sont en principe clairement énoncées : l'un veut dominer et l'autre veut être dominé. En revanche, l'article 1133 du Code civil dispose que « *la cause est illicite, quand elle est prohibée par la loi, quand elle est contraire aux bonnes mœurs ou à l'ordre public* ». Peut-on valablement considérer que la cause d'une convention BDSM puisse être illicite et donc contraire à la loi alors que la Cour européenne des droits de l'homme laisse présager la dépénalisation des pratiques sexuelles quand elles sont librement consenties ? Mais cette dépénalisation progressive ne signifie pas pour autant que l'activité sadomasochiste deviendrait licite. Un comportement peut rester illicite alors même qu'il n'est plus sanctionné pénalement. Dès lors, cette dépénalisation annoncée doit se concevoir comme une étape possible vers la reconnaissance franche et directe de la licéité de la cause.

Cette nouvelle ère de dépénalisation des relations BDSM consacrerait ainsi, dans son sens strict, la licéité de la cause d'une telle convention. Si la conformité à la loi est un critère essentiel, il n'est pas pour autant suffisant. L'article 6 du Code civil énonce que le contrat ne doit ni déroger à l'ordre public ni aux bonnes mœurs. Notions floues aux contours imprécis, ces standards juridiques connaissent une interprétation extensive au regard de l'évolution des mentalités et de la société comme en témoigne, par exemple, le mouvement jurisprudentiel relatif aux libéralités consenties à l'occasion d'une relation adultérine[35]. D'ailleurs, la Cour européenne des droits de l'homme écarte en 2005 toute référence à l'ordre public et à la morale en soulignant que « *des éléments comme le sexe, l'orientation sexuelle et la vie sexuelle sont des composantes importantes du domaine personnel protégé*

---

[35] M. Grimaldi, « La libéralité par laquelle entend maintenir une relation adultère repose-t-elle sur une cause illicite pour contrariété aux bonnes mœurs ? », D., 1999, p. 307.

*par l'article 8 de la Convention* » (§79). Les pratiques sadomasochistes devraient alors relever de la vie privée malgré « le fait qu'elles réunissent les éléments constitutifs des coups et blessures volontaires » (§ 29) mais aussi, « *eu égard à la grande tolérance de la société moderne, à l'égard de toutes formes d'expériences sexuelles* » (§76). Cette dépénalisation permettrait alors d'analyser la cause d'une convention BDSM comme licite puisque non contraire à la loi, à l'ordre public et aux bonnes moeurs. Mais qu'en est-il réellement des bonnes mœurs ?

Concept vide et insaisissable[36], les bonnes mœurs trouvent essentiellement leurs racines dans la morale. Echappant à toute définition mais appartenant toutefois à la sémantique juridique, les bonnes mœurs imposeraient comme le démontre Danièle Lochak des règles de conduite indéterminées, et il reviendrait « *nécessairement au juge de les dégager, non pas du reste en utilisant sa compétence strictement juridique, mais sa compétence morale et sociale* »[37]. Pouvons-nous alors considérer que le sadomasochisme soit moralement acceptable compte tenu de l'évolution jurisprudentielle en la matière ? Si les juges européens ont confirmé dans l'arrêt *Laskey, Jaggard et Brown c/Royaume-Uni* du 19 février 1997 la condamnation des requérants au nom de la protection de la santé alors que les faits révèlent que les actes à caractère sadomasochiste « *n'avaient causé aucune lésion nécessitant des soins médicaux* »[38], l'argumentation des juges, et particulièrement celle de Lord Templeman, révélerait que la morale aurait fondé leur décision. Ses considérations étaient, en effet, loin d'être équivoques puisque ce dernier affirma, entre autres que *« la société a le droit et le devoir de se protéger contre le culte de la violence. Il est pervers de tirer du plaisir de la souffrance d'autrui. La cruauté est barbare* »[39]. Dans cette même affaire, le juge Pettiti conclut de la manière suivante : « *La*

---

[36] G. Pignarre, « Que reste-t-il des bonnes mœurs ? « Presque rien ou presque tout » », RDC 2005, n°4, p. 1290.

[37] D. Lochak, « Le droit à l'épreuve des bonnes mœurs », in *Les bonnes mœurs,* Paris, PUF, CURAPP, 1994, p. 43.

[38] CEDH, 17 février 1997, Affaire Laskey, Jaggard et Brown c/Royaume-Uni, § 21.

[39] *Ibid.,* § 20.

*protection de la vie privée est la protection de l'intimité et de la dignité de la personne et non la protection de l'indignité de celle-ci ni la promotion de l'immoralisme délictuel* »[40]. A la différence de l'arrêt de 2005, les terminologies utilisées en 1997 reflètent ainsi l'existence d'un discours moralisant dilué insidieusement dans le principe de dignité de la personne humaine. Une évolution des mœurs rend alors envisageable la reconnaissance d'un tel contrat.

Cette nouvelle interprétation de l'article 8 de la Convention par les juges européens laisserait présager une reconnaissance de ce type de relation sexuelle consentie. D'ailleurs, l'invocation du *safe word* par l'un des contractants pourrait s'analyser comme une modalité de rupture du contrat pouvant s'assimiler en une clause de dédit à titre gratuit[41]. Celle-ci ouvre en effet, la faculté pour l'une des parties de pouvoir se délier de la relation contractuelle. L'exercice de cette clause tracerait ainsi, conformément à la position adoptée en 2005, la frontière entre une sexualité dite licite et une sexualité dite illicite. Si une mise en perspective de la convention BDSM avec le droit des contrats semble possible, celle-ci pourrait s'achopper au principe de dignité de la personne humaine.

***Liberté sexuelle et principe de dignité de la personne humaine.***

Les pratiques sexuelles en général et notamment le sadomasochisme ont toujours bouleversé et continuent de bouleverser le système juridique. Peut-on considérer le « revirement » de la Cour européenne des droits de l'homme comme un nouveau pas vers une consécration de la liberté sexuelle qui n'est jusqu'à présent, reconnue par aucun texte ? En effet, « *à mesure que s'est affaibli le poids de la morale traditionnelle, à forte connotation religieuse, la liberté sexuelle s'est progressivement affirmée comme une dimension fondamentale de*

---

[40] *Ibid.*, § 51.

[41] Cass., Com., 30 octobre 2000, n° 98-11224. Traditionnellement, les clauses de dédit sont subordonnées au paiement d'une indemnité. Or, la Cour de cassation a reconnu que « rien n'interdit qu'une partie s'engage envers une autre avec une faculté de dédit gratuite ».

*l'autonomie individuelle et une composante essentielle du droit au respect de la vie privée* »[42]. L'arrêt *K. A. ET A. D. c/ Belgique* du 17 février 2005 semble confirmer cette analyse. Cependant, le principe de dignité de la personne humaine visant la protection de l'individu contre les autres mais également contre lui-même[43], transcende pour certains auteurs, cette liberté individuelle au point d'en justifier des limites dans son exercice,[44] contribuant ainsi à une désexualisation de la pratique. En tant que sujets de l'humanité, les adeptes du BDSM auraient donc le devoir de respecter leur appartenance au genre humain[45] et mésuseraient par leurs jeux sexuels le principe d'autonomie personnelle et le droit de disposer de son corps. Or, pour nombre d'auteurs, il s'agit surtout « *de conceptions instables et idéologiquement marquées* »[46] servant, en l'occurrence de prétexte à l'imposition d'une morale sexuelle. Le contenu du contrat sadomasochiste, si l'on peut parler de contrat impliquerait une renonciation expresse à ce droit fondamental[47], dès lors que l'on considère le principe de dignité comme tel, ce qui au demeurant partage toujours la doctrine[48].

---

[42] D. Borillo, D. Lochak, « Introduction », in *La liberté sexuelle*, Paris, PUF, 2005, p. 1.

[43] CE, Ass., 27 octobre 1995, « Commune de Morsang-sur-Orge », in *Les grands arrêts de la jurisprudence administrative*, Dalloz, 16e éd., 2007, n°100, p. 730.

[44] V. Muriel Fabre-Magnan, « Dignité. Dignité et respect du corps », in *Dictionnaire du corps*, M. Marzano (dir.), Paris, PUF, 2007, p. 308 ; B. Edelman, « La dignité de la personne humaine, un concept nouveau », D., 1997, n°23, chron., p. 188.

[45] M. Fabre-Magnan, « Le sadisme n'est pas un droit de l'homme ? », *op. cit.*, p. 2979.

[46] J-P. Feldman, « Faut-il protéger l'homme contre lui-même ? La dignité, l'individu et la personne humaine », *Droits,* 2009, n° 48, p. 96.

[47] S. Chassagnard-Pinet, « Les droits fondamentaux à l'épreuve du lien contractuel », in *Libre droit. Mélange en l'honneur de Philippe Le Tourneau,* Dalloz, 2008, p. 243.

[48] D. Roman, « « A corps défendant ». La protection de l'individu contre lui-même », *Recueil Dalloz*, 2007. 19, p. 1292 : « L'invocation de la dignité de la personne risque alors de servir de paravent au retour de la morale et de constituer un fondement fort contestable, car équivoque dans

Bernard Beignier explique d'ailleurs « *que tout lien contractuel est nécessairement porteur d'une restriction des droits fondamentaux des parties. Peu de contrats pourraient prétendre à la licéité si une application stricte de ce rattachement était opérée* »[49]. Compte tenu de son caractère flou et ambigu, le principe de dignité de la personne humaine ne viendrait pas nécessairement s'emparer de la validité d'une convention sadomasochiste[50] et laisserait triompher la liberté sexuelle. Consécration d'une perversion sexuelle ou prémisse d'une nouvelle relation contractuelle, l'univers BDSM semble promettre pour l'avenir de vifs débats doctrinaux et une soumission docile à la règle juridique.

---

des sociétés pluriculturelles, à la protection de la personne contre elle-même ».

[49] B. Beignier, « L'ordre public et les personnes », in *L'ordre public à la fin du XXe siècle*, T. Revet (dir.), Dalloz, 1996, p. 13.

[50] V. C. Jamin, « Le droit des contrats saisi par les droits fondamentaux », in *Repenser le contrat*, G. Lewkowicz, M. Xifaras, *op. cit.* , p. 175.

# Tentative de définition du « contournement de la loi » à partir du cas de la pédopornographie virtuelle

Thomas Hochmann,
Université Paris 1 Panthéon-Sorbonne

*« La réaction hystérique à laquelle on assiste aujourd'hui devant les relations sexuelles avec des enfants – non seulement des actes réels, mais des représentations fictives sous forme de ce qu'on appelle « pornographie avec mineurs » – s'accompagne de bizarreries illogiques ».*

J. M. Coetzee[1].

La pédopornographie[2] virtuelle est entendue ici comme une représentation visuelle sexuellement explicite de ce qui semble être un enfant, mais n'en est pas un, qu'il s'agisse en réalité d'un adulte ou d'une image de synthèse. Les lignes qui vont suivre ne s'intéressent pas aux représentations ne semblant pas impliquer un véritable enfant[3]. Si la répression de l'enregistrement de l'abus sexuel d'un enfant, infraction sanctionnée par le code pénal, pose peu de problèmes afférant à la liberté d'expression, son extension à la pédopornographie virtuelle n'est pas si aisée.

---

[1] J. M. Coetzee, *Journal d'une année noire*, trad. fr. Catherine Lauga du Plessis, Seuil, Paris, 2008 (2007), p. 73.

[2] Nous emploierons ce terme, également retenu par l'Union Européenne (cf. Décision-cadre 2004/68/JAI du Conseil du 22 décembre 2003 relative à la lutte contre l'exploitation sexuelle des enfants et la pédopornographie), par préférence au terme de « pornographie enfantine » choisi par le Conseil de l'Europe (cf. Convention sur la Cybercriminalité (Budapest, 23 novembre 2001), article 9 : « Infractions se rapportant à la pornographie enfantine »).

[3] Tels un dessin animé ou une bande-dessinée. Cf. en France, Cass. crim., 12 septembre 2007, D. 2008, p. 827, note D. Lefranc ; Dr. Pén. 2007, comm. 152, note M. Véron ; en Allemagne BGH, 15 décembre 1999, NStZ 2000, p. 307.

Il s'agira, à partir de l'étude de la solution juridique apportée au problème de la pédopornographie virtuelle dans différents ordres juridiques, d'essayer d'obtenir un enseignement beaucoup plus général, relatif au « contournement de la loi ». L'objet même de cette contribution est donc d'obtenir une idée suffisamment précise de ce que l'on peut qualifier de « contournement de la loi ». Néanmoins, une telle entreprise nécessite une ébauche de définition préalable. Intuitivement, il semble que l'on peut parler de « contournement de la loi » *lorsque le législateur estime que des destinataires de la loi parviennent à provoquer les conséquences que le législateur souhaitait empêcher/punir grâce à cette loi, sans commettre l'acte qu'elle prévoit*. Par ailleurs, le concept de « contournement de la loi » contient aussi l'idée que les auteurs du nouveau comportement *n'auraient pas agi de la sorte, n'était-ce l'existence de la loi contournée*.

Le contournement de la loi est ici étudié comme un argument du législateur pour justifier de la constitutionnalité d'une loi. Mais notre ambition est de nous livrer à une analyse *juridique* de cet argument. Aussi, si un élément essentiel du « contournement de la loi » se rattache aux conséquences « attribuées » par le législateur à un comportement, il ne s'agira pas ici d'enquêter sur le « but » des lois visant la pédopornographie virtuelle. La norme supérieure garantissant un droit fondamental prévoit également des possibilités de restreindre ce droit, que l'on peut appeler « limites supérieures ». Celles-ci permettent souvent de restreindre le droit fondamental pour protéger d'autres intérêts. Contrôler la constitutionnalité d'une limite législative d'un droit fondamental[4] nécessite d'identifier la limite supérieure qu'elle concrétise[5]. Par conséquent, dans une approche normativiste, la détermination du « bien protégé » par une norme relève de la compétence de l'organe contrôlant sa conformité avec une norme supérieure.

---

[4] Notre analyse se limitera à ce type de lois.

[5] Cf., particulièrement explicite sur ce point, l'opinion dissidente du juge Hassemer jointe à l'arrêt de la Cour constitutionnelle allemande sur l'inceste, BVerfG, 26 février 2008, 2 BvR 392/07, § 79.

Affirmer cela ne revient évidemment pas à « se réfugier derrière le juge constitutionnel »[6] : rien n'empêche certes la doctrine de se livrer à une enquête historique, psychologique ou sociologique pour essayer d'identifier ce « but » de la loi. Une telle réflexion peut s'avérer passionnante. Mais rien ne lui interdit non plus de se limiter à une analyse juridique.

Le contournement de la loi est donc un « argument du législateur » tel qu'identifié par le juge constitutionnel : celui-ci *estime que le législateur estime* qu'un comportement a certaines conséquences, porte atteinte à certains intérêts. Ainsi, lorsque nous emploierons des termes semblant attribuer des motivations au « législateur » (tels que « le législateur souhaite, considère, etc. »), il s'agit en réalité de l'« intention » du législateur identifiée par le juge constitutionnel, donc de la limite inhérente que le juge a identifiée comme étant concrétisée par la loi contrôlée, c'est-à-dire dans le cadre de notre étude, des effets qu'il a estimés que le législateur attribuait à l'expression visée.

Les réponses juridiques apportées en Allemagne et au Canada d'une part (1), aux Etats-Unis d'autre part (2), au problème de la pédopornographie virtuelle permettent de tirer des conclusions plus générales sur le « contournement de la loi » (3).

## 1. Allemagne : atteinte directe au même intérêt protégé

En Allemagne, la pédopornographie (*Kinderpornographie*) était visée dans les alinéas 3 à 5 de l'article 184 du code pénal jusqu'en 2004, où un nouvel article 184b est entré en vigueur. Cette disposition vise la pornographie impliquant un enfant, c'est-à-dire une personne âgée de moins de 14 ans, selon la définition du code pénal. En 2008 a été ajouté un article 184c visant la pornographie impliquant des mineurs de quatorze ans et plus (*Jugendpornographie*). L'article 184 a fait l'objet de nombreuses

---

[6] Remarque de Monsieur Py lors de la journée d'étude de l'IEDP.

modifications au cours des années, suite à certaines décisions jurisprudentielles[7].

La Cour fédérale de justice[8] s'est prononcée à plusieurs reprises sur l'« intérêt protégé » par l'interdiction de la pédopornographie. L'invocation, par l'organe de concrétisation d'une norme, de l'intérêt protégé par celle-ci, de sa « justification », rend peut-être la motivation de la décision plus convaincante, mais elle n'est en rien une obligation juridique. Néanmoins, le raisonnement suivi par la Cour fédérale de justice en matière de pédopornographie virtuelle s'accorde parfaitement avec ce qu'aurait pu faire la Cour constitutionnelle, et celle-ci semble d'ailleurs l'avaliser dans un arrêt récent[9].

La Cour a identifié plusieurs « intérêts protégés » par l'interdiction de la pédopornographie. Elle considère en particulier qu'elle ne protège pas seulement l'enfant effectivement filmé ou photographié, mais également tout enfant potentiellement susceptible de l'être[10]. Par conséquent, l'élargissement de la restriction, qui jusqu'en 1997 ne visait que la représentation d'un événement réel, aux représentations « proches de la réalité » ne pose aucun problème de constitutionnalité, puisque la protection d'intérêts relatifs non à la production, mais aux conséquences de la pédopornographie (comme par exemple la protection des enfants en tant que victimes potentielles) est permise par la Constitution allemande.

---

[7] Cf. BGHSt 43, 66 (17 décembre 1997) ; NJW 1998, pp. 1502s. ; BGHSt 41, 285 (31 octobre 1995) ; BGHSt 50, 370 (2 février 2006), §§ 6 et 7. Cf. aussi T. Hörnle, « *Die Umsetzung des Rahmenbeschlusses zur Bekämpfung der sexuellen Ausbeutung von Kindern und der Kinderpornographie »,* NJW 2008, pp. 3521 et s.

[8] La Cour fédérale de justice (BGH) est l'équivalent de la Cour de cassation française.

[9] BVerfG, 6 décembre 2008, 2 BvR 2369/08, 2 BvR 2380/08.

[10] BGHSt 43, 366 (17 décembre 1997), NJW 1998, 1502, p. 1503 ; BGHSt 45, 41 (24 mars 1999) ; BGHSt 47, 55 (27 juin 2001), pp. 60 et s. Cf. déjà en ce sens O. Koblenz, 1er février 1979, NJW 1979, p. 1467.

Donc si le juge constitutionnel considère que le législateur a raisonnablement estimé que la pédopornographie réelle porte atteinte, outre éventuellement à l'enfant utilisé pour la produire, aux enfants en général en ce qu'elle en fait les victimes potentielles de futurs œuvres pédopornographiques, l'interdiction de la pédopornographie virtuelle à laquelle on attribue ce même effet (flèche 2) peut être une réponse à un « contournement de la loi » si l'on considère de plus que les destinataires de la loi, plutôt que de commettre le comportement initial interdit ($C_1$), lui préfèrent le nouveau comportement ($C_2$) (flèche 2).

Schéma 1

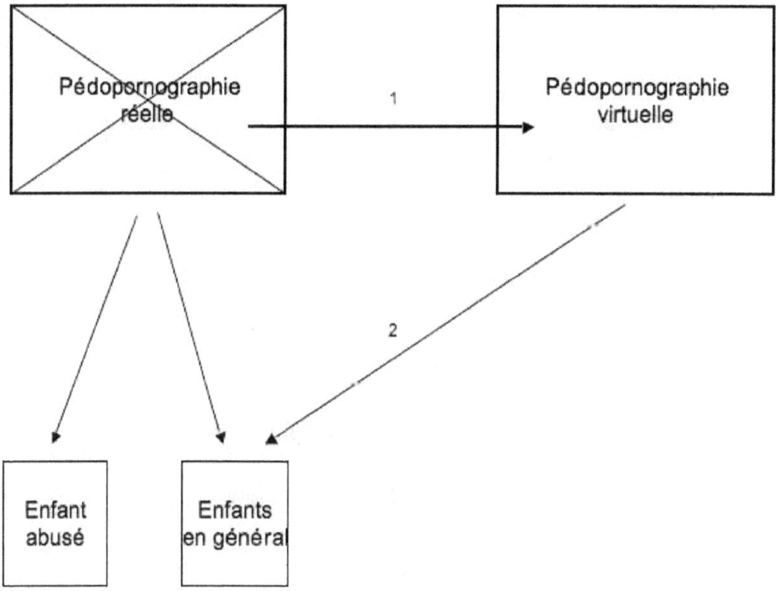


Le « contournement de la loi » exige que le nouveau comportement porte atteinte au même intérêt (E) que le comportement initial. Dans le cas allemand de la pédopornographie virtuelle, cette exigence ne posait guère de problème. En vertu de la Loi Fondamentale allemande, la liste des « intérêts protégés » est en effet très large, et la cour constitutionnelle se contente d'une certaine rationalité entre un intérêt et une restriction pour valider une loi[11].

Le système juridique allemand n'est guère exceptionnel sur ce point. Par exemple, dans un arrêt Sharpe rendu en 2001, la Cour suprême canadienne accepte la totalité de la liste des préjudices allégués par le ministère public à l'appui d'une loi visant d'une manière très large la possession de pédopornographie, y compris virtuelle[12].

L'amplitude des intérêts protégés disponibles apparaît clairement liée à la marge d'appréciation accordée au législateur, au degré de soumission du juge constitutionnel dans le respect de l'appréciation législative des conséquences du comportement visé. Au Canada, le degré d'exigence quant à la certitude du préjudice allégué n'est pas bien élevé : « renforcée par l'expérience et le bon sens, la preuve en matière de sciences humaines qui a été présentée en l'espèce satisfait amplement à l'exigence [relative] à l'existence d'un lien rationnel entre l'objectif de la loi et les moyens pris pour l'atteindre »[13].

Aux Etats-Unis, en matière de liberté d'expression, le risque allégué d'atteinte à l'intérêt protégé doit être établi avec beaucoup plus de certitude. Cela n'est pas sans conséquence sur la possibilité d'interdire la pédopornographie virtuelle, et cela pose une difficulté à notre définition du « contournement de la loi ».

### 2. Etats-Unis : assurer l'application de la norme contournée

Aux Etats-Unis, une représentations sexuelle explicite (« pornographique ») n'est pas protégée par le premier amendement si elle est « obscène », c'est-à-dire si, considérée dans

---

[11] Cf. BVerfGE 83, 130, Josephine Mutzenbacher (27 novembre 1990), pp. 141 et s.

[12] CS Canada, R. c. Sharpe, [2001] 1 R.C.S. 45. La Cour dresse la liste des préjudices invoqués (§ 86), et accepte chacun d'eux (§§ 87-92).

[13] *Ibid.*, § 94.

son ensemble, elle fait appel à un intérêt lascif, elle offense les « standards de la communauté », et si ce caractère n'est pas « racheté » par une valeur littéraire, artistique, scientifique ou politique[14]. Il est inutile de commenter ici cette définition[15]. Dans le cadre de notre analyse, il est suffisant de retenir que la moindre représentation sexuelle explicite n'est pas « obscène » au sens de la jurisprudence de la Cour suprême. L'expression litigieuse doit être considérée dans son ensemble, un éventuel intérêt artistique entraîne une protection, etc[16].

Les choses changent, cependant, lorsque cette représentation sexuelle explicite a pour objet un enfant. Dans un arrêt *New York v. Ferber* rendu en 1982, la Cour suprême jugea que la pédopornographie réelle n'était pas protégée par le premier amendement, même si elle n'est pas « obscène ». Cette restriction de la liberté d'expression vise, expliquait la Cour, la protection de l'enfant utilisé dans la fabrication de la représentation. La Cour estima en effet que l'« intérêt protégé » par une telle restriction était de première importance, outrepassait la liberté d'expression, et qu'il ne pouvait être servi par une interdiction limitée aux représentations obscènes. Le fait que la représentation de l'abus réel d'un enfant soit artistique ne change rien au préjudice subi par l'enfant[17]. D'ailleurs, ajoutait la Cour, à supposer qu'il soit

---

[14] Cf. *Miller v. California*, 413 U.S 15 (1973), p. 24.

[15] Cf. T. Hochmann, « La répression de la pornographie en droit comparé : appréciation du législateur et prévisibilité de la loi », in R. Beauthier *et al.* (dir.), *Actes des journées d'études Obscénité, pornographie et censure*, Université libre de Bruxelles, 18-19 avril 2008 (à paraître aux Editions de l'Université Libre de Bruxelles).

[16] On remarquera donc que la « pornographie » « européenne » correspond davantage à l'« *obscenity* » qu'à la « *pornography* » américaine.

[17] *New York v. Ferber,* 458 U.S. 747 (1982), p. 761. Ce mélange d'art et de commission d'un crime est très étudié en Allemagne à travers la fameuse problématique du véritable meurtre sur une scène de théâtre. Cf. par exemple D. Beisel, *Die Kunstfreiheitsgarantie des Grundgesetzes und ihre strafrechtlichen Grenzen*, R. v. Decker's Verlag, Heidelberg, 1997, p. 101.

artistiquement nécessaire à un travail scientifique ou artistique qu'un enfant effectue des actes sexuels ou exhibe lubriquement ses parties génitales, une personne ayant l'âge légal mais paraissant plus jeune pourrait être utilisée[18].

L'interdiction de la pédopornographie réelle est donc, selon la Cour suprême, une limite de la liberté d'expression qui s'intéresse non pas aux effets de l'expression, mais à sa production même[19]. Ainsi l'arrêt prévoyait, certes en passant, mais explicitement, la protection de la pédopornographie virtuelle.

En 1996, cependant, le *Child Pornography Prevention Act* va tenter d'élargir l'interdiction fédérale de la pédopornographie pour inclure toute image, éventuellement fabriquée sur un ordinateur, qui semble être un mineur engagé dans une conduite explicitement sexuelle. La Cour suprême se prononcera sur cette disposition dans un arrêt *Ashcroft v. Free Speech Coalition* rendu en 2002[20].

Pour justifier cette loi devant la Cour, le Congrès affirme que l'interdiction de la pédopornographie virtuelle vise, comme dans Ferber, à « protéger les enfants », car cette expression les menace de deux manières. D'une part, elle peut être utilisée pour convaincre un enfant de servir de modèle à un enregistrement pornographique, ou d'avoir des rapports sexuels avec un adulte. D'autre part, la pédopornographie virtuelle exciterait les instincts du pédophile.

Évidemment, il ne s'agit pas là du même intérêt protégé que dans Ferber, puisque l'enfant protégé n'est pas la victime de la production du matériel pédopornographique, mais une victime potentielle comme on l'a rencontrée en Allemagne. Cela n'échappe

---

[18] *New York v. Ferber*, cité, pp. 762 et s.

[19] Cf. F. Schauer, « Codifying the first amendment : New York v. Ferber », *The Supreme Court Review*, 1982, p. 291.

[20] *Ashcroft, Attorney General, et al. v. Free Speech Coalition et al.,* 535 U.S. 234 (2002).

pas à la Cour suprême, qui remarque que les préjudices allégués découlent du contenu de l'image, et non de sa production[21].

En toute logique, la Cour estime donc que la protection de l'enfant abusé dans la réalisation d'un matériel de pédopornographie « réelle » ne permet pas de justifier la sanction de la pédopornographie virtuelle. Ce type d'expression est protégé par le premier amendement[22]. La Cour suprême rejette un à un les arguments en faveur de l'interdiction de la pédopornographie virtuelle, tels qu'ils ont été retenus en Allemagne ou au Canada.

Cette différence d'approche provient en particulier du degré d'exigence quant à la certitude de la réalisation du préjudice craint. Il est instructif de comparer par exemple les réponses respectives des cours suprêmes canadienne et américaine à l'argument selon lequel la pédopornographie virtuelle excite les instincts des pédophiles et les incite à passer à l'acte[23]. A Ottawa, les juges expliquent que l'absence d'unanimité dans les études scientifiques sur ce point ne saurait être « fatale » à la loi : « Il se peut qu'un comportement humain complexe ne se prête pas à une démonstration scientifique précise, et les tribunaux ne peuvent pas astreindre le législateur à une norme de preuve plus rigoureuse que ne le permet le sujet en question. Certaines études indiquent que, à l'instar des autres formes de pornographie, la pornographie juvénile alimente les fantasmes et peut inciter certains individus à

---

[21] *Ibid.*, pp. 242 et 250.

[22] Soulignons cependant qu'une représentation sexuelle explicite virtuelle d'un enfant n'est pas protégée si elle est obscène, c'est-à-dire si elle entre dans une catégorie très proche de celle que les allemands et les français appellent « pornographie ». Les commentateurs étrangers de l'arrêt *Ashcroft* ne semblent pas toujours l'avoir compris. Cf. en France D. Lefranc, *op. cit.*, p. 829.

[23] Argument non partagé par le personnage principal du *Journal d'une année noire*, *op. cit.*, p. 76, qui critique le fait que l'on ait pu prétendre « que les images de mâles adultes ayant des rapports sexuels avec des enfants (c'est-à-dire des enfants qui jouent le rôle d'enfants, ou des acteurs de n'importe quel âge jouant des rôles d'enfants) encourageaient les abus contre de vrais enfants dans le monde réel ».

commettre des infractions. Cette crainte raisonnée de préjudice montre l'existence d'un lien rationnel entre la disposition contestée et la réduction du préjudice causé aux enfants par la pornographie juvénile »[24].

À Washington, par contre, les juges rappellent que « [l]'Etat ne peut pas interdire une expression parce qu'elle augmente la probabilité qu'un acte illégal soit commis dans un futur indéfini. Une telle suppression n'est autorisée que si l'incitation vise à produire, et est susceptible de produire, un acte illégal imminent ». Or, « [l]'Etat n'a montré qu'un vague lien entre une expression qui encouragerait certaines pensées ou impulsions, et l'abus sexuel d'un enfant qui en résulterait. En l'absence d'un rapport significativement plus fort et plus direct, l'Etat ne peut pas interdire l'expression pour la raison qu'elle pourrait encourager les pédophiles à commettre des actes illégaux »[25].

Ainsi, au contraire de ce qui se pratique dans les autres systèmes juridiques, la crainte plus ou moins abstraite d'une conséquence préjudiciable ne suffit pas à interdire une expression selon la jurisprudence de la Cour suprême américaine[26]. Par conséquent, toute sanction de la pédopornographie virtuelle justifiée par les conséquences que cette expression pourrait avoir est vouée à l'échec. Seule la protection de l'enfant abusé lors de la production de pédopornographie (flèche 1, $E_1$) justifie son interdiction, et « la justification limite l'exception », comme le souligneront deux juges évoquant l'arrêt *Ashcroft* dans une décision ultérieure[27], et comme le montre le schéma 2. La Cour ne permet pas de justifier une restriction de la liberté d'expression par les effets de l'expression sur son auditoire ($E_2$), et donc par l'intérêt

---

[24] CS can., R. c. Sharpe, cité, § 89.
[25] *Ashcroft v. Free Speech Coalition*, cité, p. 253.
[26] Cf. T. Hochmann, « L'exceptionnelle protection de la liberté d'expression aux Etats-Unis », in L. Hennebel et A. Van Waeyenberge (dir.), *L'exceptionnalisme américain et les droits de l'homme*, Dalloz, 2009, en particulier pp. 178-180.
[27] *United States v. Williams*, 553 U.S. (2008), 128 S. Ct. 1830, Souter diss., p. 1848.

de la protection de l'enfance en général : le législateur ne saurait invoquer de tels effets (flèches 2 et 4). Enfin, la simple logique empêche de considérer que la pédopornographie virtuelle, qui par définition n'inclut pas de véritable enfant, porte atteinte à l'intérêt $E_1$ (flèche 3).

Schéma 2

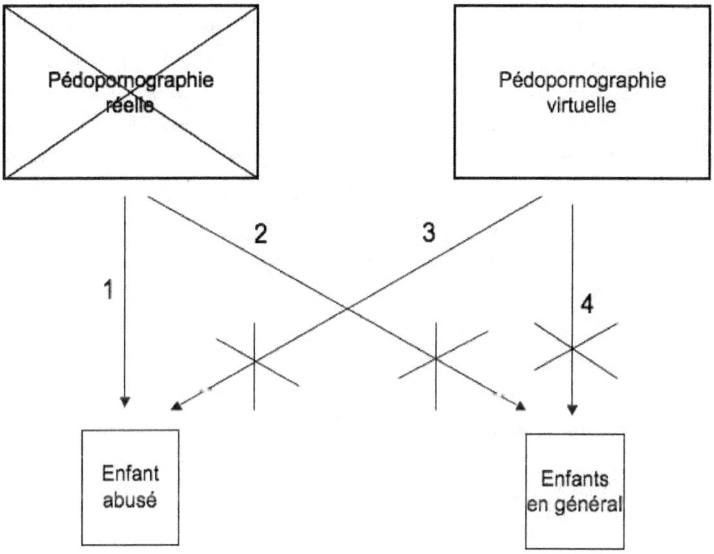


Mais cela ne signifie pas qu'il est impossible de s'attaquer à la pédopornographie virtuelle aux Etats-Unis. Simplement, le Congrès a dû emprunter une autre voie, qui s'apparente toujours au « contournement de la loi », mais d'une façon fort différente de ce que nous avons observé en Allemagne.

Cet autre chemin consiste non pas à invoquer un intérêt protégé supplémentaire, mais à affirmer qu'un élargissement de la restriction est nécessaire pour garantir la protection de l'intérêt. Cette tactique apparaît déjà dans *Ashcroft.* En effet, l'Etat prétend qu'en raison de la grande difficulté de distinguer les images réelles des images virtuelles, il est nécessaire d'interdire les secondes pour pouvoir interdire les premières[28]. La majorité des juges de la Cour suprême rejettent vivement cet argument visant à autoriser l'interdiction d'une expression protégée en tant que moyen de supprimer une expression non protégée : « une expression protégée ne devient pas une expression non protégée simplement parce qu'elle lui ressemble », explique la Cour. Le premier amendement exige justement l'inverse[29].

Pourtant, si cet argument est écarté par la majorité des juges, il commence à faire son chemin dans les opinions individuelles jointes à l'arrêt. Ainsi, le juge Thomas estime que l'argument le « plus convaincant » de l'Etat est celui selon lequel un individu pourrait échapper à la condamnation simplement en prétendant que l'image litigieuse est virtuelle, jetant ainsi dans l'esprit du jury un doute sur sa culpabilité. Si le juge Thomas vote avec la majorité des juges, c'est uniquement parce que l'Etat n'a pas prouvé la réalité empirique de cet argument. S'il s'avérait que les progrès techniques empêchent en effet d'appliquer l'interdiction de la pédopornographie réelle, du fait de l'impossibilité de distinguer entre une représentation véritable et une image de synthèse, l'Etat devra être autorisé à sanctionner la pédopornographie virtuelle[30].

La juge O'Connor note que l'avancée rapide de la technologie permet d'estimer que ce souci de l'Etat est raisonnable[31]. Et le juge Rehnquist, joint par Scalia, est encore plus explicite : si l'Etat estime que les progrès technologiques rendront bientôt impossible l'application de l'interdiction de la pédopornographie réelle, les juges doivent se soumettre à son appréciation[32].

En résumé, si les effets de la pédopornographie virtuelle sont écartés sans problème comme motifs d'interdiction[33], l'idée de sa

---

[28] Cf. un argument similaire dans CS can., *R. c. Sharpe*, cité, § 38.
[29] *Ashcroft v. Free Speech Coalition*, *op. cit.*, pp. 254 s.
[30] *Idem.*, p. 259, Thomas conc.
[31] *Id.*, p. 263, O'Connor conc. in part and diss. in part.
[32] *Id.*, p. 267, Rehnquist, diss.
[33] Seule la juge O'Connor semble leur accorder un peu d'importance, cf. *id.*, p. 263.

sanction comme garante de la possibilité de condamner la pédopornographie réelle est acceptée par quatre juges sur neuf[34]. Cet argument va trouver sa consécration, d'une manière quelque peu détournée, sept ans plus tard.

Suite à l'arrêt *Ashcroft*, le Congrès va adopter en 2003 une nouvelle loi interdisant de proposer la transaction d'une représentation d'une manière reflétant la croyance, ou visant à faire croire que le matériel contient de la pédopornographie réelle ou de l'obscénité pédophile (réelle ou virtuelle). Cette nouvelle loi ne vise donc pas le matériel pornographique, mais le discours exprimant une volonté d'en transmettre ou d'en recevoir. Il n'est même pas exigé qu'il existe effectivement un matériel pornographique. Néanmoins, cette loi permet de sanctionner la pédopornographie virtuelle si son transfert est accompagné d'une expression pouvant donner l'impression qu'il s'agit de pédopornographie réelle.

La Cour suprême va confirmer la constitutionnalité de cette loi, refusant d'y voir, comme les deux juges dissidents, un contournement de l'arrêt Ashcroft. En particulier, l'argument de l'efficacité de la protection de l'intérêt protégé va cette fois jouir d'une pleine reconnaissance. La Cour suprême passe rapidement sur ce point, se contentant d'affirmer au début de l'arrêt que le Congrès craignait que le fait de limiter la poursuite de la pédopornographie aux matériels impliquant un enfant réel risquait de permettre à de nombreux individus d'échapper à une sanction. L'émergence de nouvelles technologies rendrait presque impossible de prouver qu'une image avait été fabriquée en utilisant un véritable enfant. Les juges majoritaires ne reviendront jamais sur cette « justification » de la loi et semblent donc « l'accepter

---

[34] Le juge Thomas diverge simplement des juges O'Connor, Rehnquist et Scalia, en ce qu'il pense que l'état des techniques ne fait pas encore de la pédopornographie virtuelle une gêne pour la sanction de la pédopornographie réelle, tandis que les autres juges estiment que l'appréciation législative quant à la réalité ou l'imminence de cette situation est suffisante.

sans problème », comme le remarque l'opinion dissidente[35], alors même qu'ils reconnaissent qu'il n'existe pas vraiment de preuve permettant d'affirmer que la moindre image pédopornographique circulant aujourd'hui ait été réalisée autrement qu'en abusant un enfant, tant la réalisation d'images de synthèses est coûteuse[36]. Mais le fait qu'ils confirment la constitutionnalité de la disposition litigieuse révèle leur acceptation de cet argument. C'est en effet la seule manière d'expliquer la conformité à la Constitution de la sanction d'une proposition de transférer la pédopornographie réelle même en l'absence de pédopornographie réelle.

Pourtant la technologie de la pédopornographie virtuelle ne semble pas avoir fait un grand bond en avant depuis l'arrêt *Ashcroft* rendu sept ans plus tôt, où la Cour avait vigoureusement écarté cet argument. Comme le remarquent les juges dissidents, il n'y a toujours aucun jugement relaxant un individu ayant recouru à la défense de l'image virtuelle pour insuffler le doute dans l'esprit du jury[37]. La majorité des juges a donc rejoint l'appréciation des juges Rehnquist, Scalia et O'Connor dans *Ashcroft*, en respectant l'argument de l'Etat sans exiger de preuve tangible de son acuité. Mais en réalité c'est toute la Cour qui a bougé d'un cran, puisque même les juges dissidents de *Williams* affirment, sous la plume du juge Souter : « Si j'étais convaincu qu'il existe une vraie raison de craindre la simulation par ordinateur, je serais enclin à un réexamen de la solution adoptée dans *Ferber*. Les conditions peuvent changer, et si la technologie contemporaine ne laissait pas d'autre moyen efficace d'empêcher les pornographes amateurs et professionnels d'exploiter des enfants, il y aurait une sérieuse prétention selon laquelle une certaine quantité d'expression protégée doit céder le pas à la protection des enfants »[38].

Les juges Souter et Ginsburg partagent donc ce qui était l'opinion du juge Thomas dans *Ashcroft*. Plus aucun juge de la

---

[35] *United States v. Williams*, 553 U.S. (2008), 128 S. Ct. 1830, Souter diss., pp. 1855 et s.
[36] *Idem*, p. 1837.
[37] *Id.*, Souter diss., pp. 1856 et s.
[38] *Id.*, p. 1856.

Cour suprême n'estime que porter atteinte à l'expression de la pédopornographie virtuelle pour assurer la répression de la pédopornographie réelle « retourne le premier amendement sur la tête »[39]. L'argument de la réponse au contournement de la loi a conquis tout le monde, même si un léger désaccord subsiste en l'espèce quant à l'exigence de vérification de sa validité empirique.

Mais il s'agit donc d'un type de contournement de la loi qui diffère fortement de ce que nous avons rencontré en Allemagne. Le nouveau comportement porte certes atteinte à l'intérêt protégé par l'interdiction du comportement initial, mais de manière indirecte : en gênant l'application de l'interdiction initiale.

Par ailleurs, par souci de précision, rappelons que la pédopornographie virtuelle ($C_2$) étant une expression protégée en vertu des arrêts *Ferber* et *Ashcroft*, ce n'est pas elle qui est visée, mais un nouveau comportement ($C_3$) : le fait de proposer la transaction d'une représentation en la présentant comme étant de la pédopornographie réelle.

Schéma 3

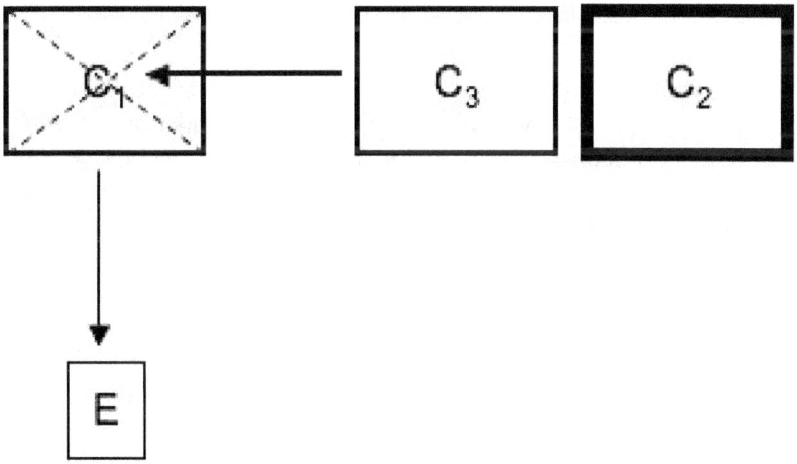


[39] *Ashcroft v. Free Speech Coalition*, *op. cit.*, p. 255.

### 3. Conclusion : deux types de « contournement de la loi »

Le survol des réponses juridiques apportées au problème de la pédopornographie virtuelle en Allemagne et aux Etats-Unis permet d'affiner la définition du « contournement de la loi » avancée au début de cette contribution.

D'abord, on voit clairement que la nature du « contournement de la loi » dépend de la possibilité d'introduire simplement une nouvelle restriction législative. En Allemagne (mais aussi en France ou au Canada), la Constitution permet au législateur d'interdire une expression considérée comme une « menace pour la jeunesse », un tel danger pouvant demeurer abstrait du moment que le lien entre les propos interdits et la menace semble « rationnel ». Aux Etats-Unis, le premier amendement défend au Congrès de sanctionner la pédopornographie virtuelle sur le fondement d'une crainte abstraite.

Mais il apparaît dès lors que notre définition initiale englobe deux phénomènes qui méritent d'être distingués. Dans le cas allemand, le nouveau comportement est estimé avoir les mêmes effets que le comportement initial. Ce nouveau comportement n'étant pas interdit, l'intérêt protégé par la loi n'est plus protégé. Il n'en demeure pas moins que cela ne gêne pas la sanction du comportement initial (Schéma 4). Le cas américain est très différent : il est soutenu que le nouveau comportement gêne fortement l'application de la loi à l'encontre du comportement initial. Le nouveau comportement ne porte atteinte à un intérêt protégé que de manière indirecte : il fait obstacle à l'interdiction du comportement initial, ce qui a pour conséquence que l'intérêt protégé par la loi n'est plus protégé (Schéma 5). Le nouveau comportement est donc dans un cas appréhendé *par analogie* (on l'interdit « pour la même raison » que le comportement initial), et dans l'autre cas *a contrario* (ne pas le sanctionner empêcherait de sanctionner le comportement initial)[40].

---

[40] Remarque du Professeur Champeil-Desplats lors de la journée d'étude de l'IEDP.

Pour donner une définition englobant ces deux variantes, il faut substantiellement modifier notre définition initiale du contournement de la loi. D'abord, il faut lui ajouter un élément portant sur le lien entre le nouveau comportement et le comportement initial. Ensuite, il faut souligner le caractère facultatif d'un élément que nous croyions à tort nécessaire : l'atteinte directe que le nouveau comportement porte à l'intérêt protégé par l'interdiction du comportement initial. Enfin, l'idée que les auteurs du contournement de la loi commettent un autre acte que celui qu'elle prévoit doit être supprimée de la définition.

Ainsi : *Il y a « contournement de la loi » lorsque le législateur estime d'une part obligatoirement qu'un nouveau comportement gêne l'application de la loi interdisant un comportement initial, et d'autre part éventuellement que ce nouveau comportement porte directement atteinte à l'intérêt protégé par cette loi.*

La différence entre les deux types de contournement que nous avons identifiés réside dans la nature de cette « gêne de l'application de la loi ». Dans le cas de figure représenté par le schéma 5, le législateur estime que le nouveau comportement gêne l'application de la loi envers ceux qui *commettent effectivement* le comportement initial interdit. C'est le *contournement-sauvetage*, illustré par le cas américain de la pédopornographie. Il y a donc une atteinte indirecte à l'intérêt protégé par la loi, et par conséquent une atteinte directe n'est pas nécessaire.

Par contre, dans le cas de figure représenté par le schéma 4, le législateur estime que le nouveau comportement, sans gêner le moins du monde l'application de la loi à ceux qui commettent effectivement le comportement initial, gêne tout de même l'application de la loi car les destinataires de la loi ne commettent plus le comportement initial, mais lui préfèrent le nouveau comportement, qui a les mêmes effets. C'est le *contournement-évasion*. L'atteinte directe à l'intérêt protégé (flèche 2) par la loi est alors nécessaire.

La définition du contournement de la loi varie donc selon la nature de la gêne que le nouveau comportement occasionne à l'interdiction du comportement initial. Si cette gêne concerne la condamnation de ceux qui commettent le comportement interdit, il n'est pas nécessaire que le nouveau comportement porte directement atteinte à l'intérêt protégé par la loi. Si cette gêne consiste à attirer les délinquants, si les agents commettent le nouveau comportement en lieu et place du comportement initial, alors il est nécessaire d'arguer que le nouveau comportement porte directement atteinte à l'intérêt protégé par la loi.

Schéma 4 : Contournement- évasion

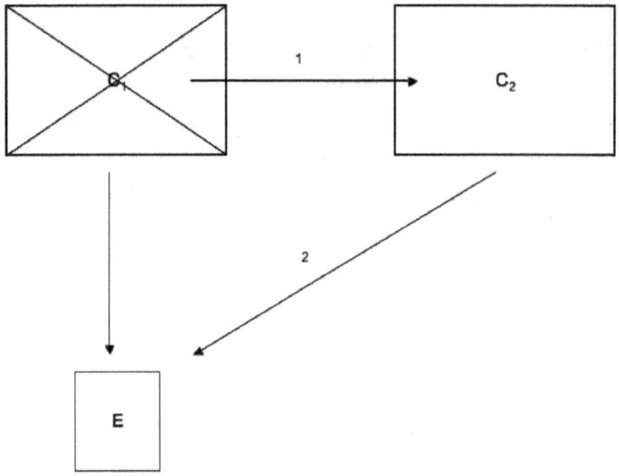

Schéma 5 : Contournement-sauvetage

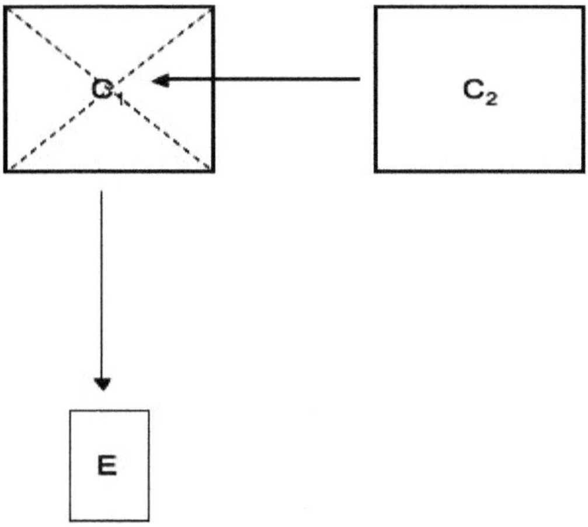


Le contournement-évasion paraît être beaucoup plus courant que le contournement-sauvetage. La présence de ce dernier dans la solution américaine du problème de la pédopornographie virtuelle semble dépendante des circonstances très particulières propres à ce cas. Si notre objectif de départ était de tirer de l'étude du cas particulier de la pédopornographie virtuelle un enseignement de portée plus générale, la solution américaine a au moins le mérite de nous montrer que le schéma « classique » du « contournement de la loi » n'est pas exhaustif.

# L'article 360 du Code pénal, ou l'inextricable question de la nécrophilie en droit

Amandine Malivin,
Doctorante en histoire contemporaine, Université Paris 7
Allocataire de l'Institut Emilie du Châtelet pour le développement et la diffusion des recherches sur les femmes, le sexe et le genre

Au mois de juillet 1849, un Conseil de guerre statue sur le sort de celui que la presse a surnommé « le Vampire du Mont-Parnasse »[1], et qui passa rapidement à la postérité en tant que premier nécrophile étudié par le corps médical. Cette réputation, aussi juste soit-elle, fait oublier que cet « amant des mortes » fut aussi le premier cas de nécrophilie pris en charge par la justice contemporaine.

Si la définition du terme *nécrophilie* demeure assez large dans les dictionnaires de langue française – « perversion sexuelle dans laquelle le plaisir est recherché avec des cadavres »[2] – il ne sera ici question que des actes sexuels réellement consommés sur des cadavres – le simple fantasme ou les jeux de rôle ne pouvant relever de la justice – et sur des cadavres « non-homicidés », cas ne subissant pas le même traitement judiciaire, ni d'ailleurs, et c'est peut-être le plus essentiel, n'appartenant pas au même registre de transgression.

L'irruption d'un nécrophile dans la sphère publique, par l'intermédiaire d'un procès en particulier, heurte violemment les sensibilités. Avant d'être perçu comme un criminel ou un délinquant, le nécrophile apparaît comme un transgresseur à plusieurs titres. Parce qu'il transgresse les « lois naturelles », implicitement admises par tous, selon lesquelles les vivants et les morts ne doivent pas, pour des raisons à la fois hygiéniques et

---

[1] Voir, sur ce cas précis, Michel Dansel, *Le sergent Bertrand, portrait d'un nécrophile heureux,* Paris, Albin Michel, 1991, 247 p.
[2] *Dixel 2010.*

morales, cohabiter, dans quelque sens du terme que ce soit. Parce qu'il transgresse un autre principe, tout aussi essentiel, celui du respect dû aux morts, ainsi qu'à l'intégrité du cadavre, corps inerte mais générateur d'émotions et de sentiments complexes, entre angoisse, répulsion, attention et tendresse.

Bien plus qu'une déviance sexuelle, dont la loi n'aurait finalement que peu de choses à dire tant qu'elle ne s'exécuterait pas au préjudice d'autrui, la nécrophilie transgresse un tabou profondément ancré. Elle trouble l'équilibre moral et social, et pose plusieurs questions susceptibles de réclamer un encadrement et une réponse judiciaire.

D'une part, se pose la question de la protection de la société, dans son ensemble, contre un déviant sexuel qui l'agresse directement de par sa transgression.

D'autre part, le nécrophile pose bien sûr la question de la protection du corps mort, élément indéfini, qui n'est plus vraiment une personne, mais pas pour autant un objet. À défaut d'un statut clairement établi, le cadavre bénéficie d'un consensus général quant au respect qui doit lui être témoigné. Cette nécessité de respect, doublée de préoccupations hygiéniques, s'est matérialisée dans le Code pénal sous la forme de trois articles encadrant les morts et leurs tombeaux, dont l'article 360 consacré aux violations de sépultures.

Force est de constater que ce type de transgresseur ne court pas les rues, ou tout au moins, bénéficie du silence auquel ses « victimes » sont contraintes malgré elles. C'est pourquoi, pendant plusieurs décennies, la justice n'eut pas à s'interroger sur l'attitude à adopter face aux nécrophiles. C'est donc à partir de ce premier procès, en 1849, et de quelques exemples postérieurs, que la question de l'encadrement de cette sexualité hors norme – littéralement impensable – va être présentée.

### Le nécrophile devant ses juges

C'est au début du mois de juillet 1849 que la presse française annonce le procès imminent de « cet être mystérieux, cette espèce de vampire qui s'introduisait la nuit dans le cimetière du Mont-

Parnasse pour y déterrer des cadavres de femmes, sur lesquelles il se livrait à d'horribles profanations »[3]. En effet, à plusieurs reprises, dans le courant des années 1848 et 1849, le cimetière du Montparnasse, mais aussi ceux du Père-Lachaise et d'Ivry, furent le théâtre de profanations nocturnes qui frappèrent les imaginations. C'est au cours de leur ronde du matin que les gardiens de ces champs de repos constataient avec horreur les traces laissées derrière lui par l'indésirable visiteur : des corps de femmes, voire de petites filles, exhumés, dénudés, mutilés.

Ce n'est qu'en mars 1849 que le coupable fut arrêté, au terme d'une traque digne d'un roman-feuilleton, durant laquelle il fut blessé par une « machine infernale », « un canon de fusil, chargé de mitraille jusqu'à la gueule »[4] disposé à son attention par les gardiens du cimetière parmi les ornements d'une tombe. On découvrit alors que le mystérieux vampire était en fait un militaire à la physionomie « douce et rêveuse »[5], âgé de 26 ans, le sergent François Bertrand. Rapidement, le public découvrit que Bertrand ne se contentait pas de lutter contre les pulsions qui le poussaient à éventrer et mutiler des cadavres, de préférence féminins. À mots couverts, la presse révéla que le vampire, pendant qu'il agissait ainsi, éprouvait un « extrême plaisir »[6]. Le sergent Bertrand n'était alors plus seulement le « violateur des tombeaux », mais devint « l'amant des mortes », un nécrophile avant l'invention du terme[7].

Si le simple fait d'exhumer illégalement un cadavre constituait déjà un affront à la morale et aux sensibilités, le caractère répété, violent, et qui plus est sexuel des violations de Bertrand n'ont fait que rendre ses agissements plus monstrueux aux yeux du public.

Mais aussi perturbantes qu'aient pu paraître ces profanations, le Code pénal n'avait pas prévu d'encadrer une telle déviance des sens – probablement parce qu'elle allait trop loin dans la transgression pour avoir pu être pensée. Le législateur qui aurait

---

[3] *Journal des Débats*, 6 juillet 1849.
[4] *La Presse*, 9 juillet 1849.
[5] *La Concorde du Morbihan*, 15 juillet 1849.
[6] *Un vampire. Violation de sépulture*, BNF, FOL - FM - 1362.
[7] Joseph Guislain, *Leçons orales sur les phrénopathies*, t.1, Paris, Baillière, 1852, p. 257.

émis une telle hypothèse au cours de la rédaction du Code pénal aurait sans aucun doute attiré sur lui des regards teintés à la fois d'étonnement et de consternation. Néanmoins, le Code pénal avait été pourvu d'une trilogie d'articles (358, 359 et 360), clairement destinés à protéger la personne après son décès.

Plus particulièrement, l'article 360 est ainsi énoncé :

« Sera puni d'un emprisonnement de trois mois à un an, et de seize francs à deux cents francs d'amende, quiconque se sera rendu coupable de violation de tombeaux ou de sépultures ; sans préjudice des peines contre les crimes ou les délits qui seraient joints à celui-ci »

Bien que cet article ne définisse pas avec précision ce qui constitue – ou ce qui ne constitue pas – la violation des tombeaux ou des sépultures, et qu'il ne fasse pas de référence explicite au cadavre, il offrait une possibilité de faire condamner le sergent Bertrand, ne serait-ce que parce qu'il avait ouvert une sépulture au moins. Le fait qu'il puisse être présenté devant un tribunal ne faisait donc pas débat.

Le 10 juillet 1849, après plusieurs questions sur ses motivations, et l'audition des médecins à propos de son état mental, le sergent Bertrand fut reconnu, à l'unanimité, par le 11e Conseil de guerre, coupable de violation de sépulture, et condamné à 1 an d'emprisonnement, soit la peine maximale prévue pour ce délit[8].

En pratique, puisque le simple fait d'avoir exhumé un cadavre, à une reprise au moins, permettait de faire condamner Bertrand, le Conseil de guerre n'eut pas à se demander si l'atteinte physique – et sexuelle – au cadavre constituait ou non, indépendamment de l'atteinte à la tombe, une violation de sépulture susceptible de relever à elle seule de l'article 360 du Code. Et si, aux yeux de ses contemporains, Bertrand s'était rendu coupable « du crime le plus audacieux et le plus anormal qu'eussent jamais enregistré les annales judiciaires »[9], du strict point de vue de la loi, et du

---

[8] *Gazette des Tribunaux*, 11 juillet 1849.
[9] *La Concorde du Morbihan*, 15 juillet 1849.

jugement rendu, Bertrand n'était donc qu'un violateur de tombeaux, un simple délinquant. En aucun cas, le jugement ne rendait compte du caractère sexuel des actes commis, bien que ce soit justement sous l'identité d'un déviant sexuel que le sergent ait été connu, et reconnu, dès son passage devant le tribunal et durant tout le siècle. En effet, ce procès offrit à François Bertrand une notoriété durable, et d'un genre spécial ; notoriété au travers de laquelle Bertrand (et avec lui la réalité historique) disparut peu à peu derrière l'image du Vampire du Montparnasse, devenu figure du « Paris mystérieux et insolite »[10].

Cependant, si les atteintes aux cadavres n'apparaissaient pas dans la condamnation prononcée, elles avaient indéniablement déterminé l'application de la peine maximale à l'encontre du sergent.

En effet, même si le délit de violation de sépulture ne représentait qu'une part infime des condamnations prononcées chaque année durant le XIXe siècle[11], l'article 360 a été régulièrement appliqué. Les condamnations visaient le plus souvent des individus qui, dans l'intention de nuire, par désir de vengeance, ou par appât du gain, avaient brisé des stèles ou ornements funéraires, proféré des injures à l'égard des morts, ou encore ouvert des tombeaux pour y rechercher des bijoux. Les jugements rendus se répartissaient d'une façon relativement homogène entre acquittements, condamnations à l'amende, ou à l'emprisonnement (dont la durée allait de quelques jours à

---

[10] Cette notoriété n'est d'ailleurs pas morte avec le XIXe siècle. Au début des années 1990, le *Musée des Martyrs* (Paris, Forum des Halles), qui offrait au public « les plus horribles histoires de l'Histoire avec un réalisme saisissant », présentait, en statues de cire, une reconstitution des exploits du sergent, et allait jusqu'à inviter, sur des cartes postales, les visiteurs à un « rendez-vous avec le Vampire du Montparnasse à partir de 10h30 ».

[11] L'étude des volumes du *Compte général de l'administration de la justice criminelle en France*, entre 1825 et 1913, montre qu'en moyenne, chaque année étaient jugées entre 10 et 20 affaires de violation de sépulture.

quelques mois). La condamnation à la peine maximale demeurait quant à elle absolument exceptionnelle.

Il n'y eut pas une voix pour s'élever contre la lourdeur de la peine qui fut appliquée à Bertrand, bien au contraire. La condamnation semble ici avoir été élaborée dans un souci d'exemplarité : condamner au maximum celui qui avait transgressé la morale au degré le plus élevé, et le plus incompréhensible. Nombreuses au contraire furent les voix qui soulignèrent l'imperfection du Code pénal, et l'inadéquation entre la peine et la nature des actes punis.

**Faut-il pallier les imperfections du Code pénal ?**

Dès l'élaboration du Code pénal, la question de la protection des morts et de leur mémoire avait été évoquée. Le 17 février 1810, Félix-Hippolyte Monseignat rapportait au Corps législatif, concernant le projet consacré aux crimes et délits contre les personnes : « La Loi qui protège l'homme depuis sa naissance jusqu'à sa mort ne l'abandonne pas au moment où il semble avoir cessé de vivre et quand il ne reste de lui que sa dépouille mortelle »[12]. C'est en conséquence de ce principe que l'article 360 fut élaboré.

Mais les remarques formulées en réaction à la condamnation de Bertrand (et qui furent réitérées dans le cadre d'affaires postérieures), visaient à démontrer l'imperfection de cet article dès lors qu'il devait servir à trancher des questions qu'il n'avait en fait pas prévu d'encadrer. Certains, pour appuyer leurs critiques, se fondèrent sur l'ancienne législation, telle que Jousse la présentait en 1771 :

« Le crime de violemens de sépulchre, se commet de plusieurs manières.

---

[12] *Corps législatif. Rapport fait au nom de la commission de législation civile et criminelle par M. de Monseignat, sur le Ve projet de loi du code pénal livre III, titre II, chapitre Ier, des crimes et délits contre les personnes. Séance du 17 février 1810*, Paris, Hacquart, p. 41.

1° En déterrant les cadavres, ou les tirant de leurs tombeaux, pour en faire des anatomies ou autrement.

2° En les dépouillant de leurs vêtements pour les voler.

3° En détruisant leurs tombeaux, ou leurs épitaphes, ornemens, etc.

4° En empêchant qu'une personne morte ne soit enterrée.

5° En frappant, blessant, ou coupant quelque membre d'un corps mort »[13].

Deux éléments importants présents dans ce texte avaient en effet disparu dans l'article 360 : la référence explicite au cadavre, dans son intégrité corporelle, d'une part ; la prévision de peines arbitraires, adaptées à la gravité et à la nature des actes commis, d'autre part.

Auguste Chareyre, dans son *Traité de la Législation relative aux cadavres*, déplorait que « la loi, au lieu de procéder par énumération des divers faits constitutifs du délit, se contente d'employer une expression générale, laissant à la jurisprudence le soin de l'interpréter et de définir avec précision le délit »[14].

S'il semblait logique que l'interprétation des actes du sergent Bertrand ait pu entraîner une peine plus conséquente que celles infligées à des individus qui auraient simplement volé des fleurs sur des tombes[15], ou endommagé des stèles sous l'influence de l'alcool[16], le fait que les actes de nécrophilie aient été en théorie frappés d'une même peine maximale, et non d'une peine distincte, aggravée, semble être apparu bien moins tolérable. Il n'est donc pas étonnant qu'aux lendemains du procès du sergent-vampire, certains aient demandé une modification de la Loi. Il est à noter cependant, que l'idée d'assimiler les actes de nécrophilie à une forme de viol commis sur un cadavre semble n'avoir jamais été évoquée.

À défaut de réclamer un texte de loi qui aurait spécifiquement encadré les atteintes sexuelles portées au cadavre, l'idée fut émise

---

[13] Daniel Jousse, *Traité de la justice criminelle de France*, t. 3, p. 666.

[14] Auguste Chareyre, *Traité de la législation relative aux cadavres*, Paris, Larose et Forcel, 1884, p. 284.

[15] *La Croix du Morbihan*, 14 juillet 1894.

[16] *Le Morbihannais*, 14 janvier 1889.

de modifier, en le spécifiant, l'article 360. Et par là, d'aggraver la peine encourue par le nécrophile. Une semaine seulement après la condamnation de Bertrand, le député des Ardennes, Louis Mortimer Ternaux, déposa sur le bureau du Président de l'Assemblée nationale une proposition de modification de l'article 360 ainsi conçu :

« L'art. 360 du Code pénal sera ainsi modifié :

« Sera puni d'un emprisonnement de six mois à cinq ans et de cinquante francs à trois mille francs d'amende, quiconque se sera rendu coupable de violation de tombeau ou de sépultures. La peine sera celle de la réclusion, si la violation de tombeaux ou de sépultures a été accompagnée de la mutilation d'un ou plusieurs cadavres.

Le tout sans préjudice des peines contre les crimes ou délits qui seraient joints à ceux-ci. »[17]

Certes, il n'y avait, dans ce projet, aucune référence explicite à la nécrophilie. Mais on imagine sans peine la difficulté et la répulsion éprouvées à l'idée de faire inscrire dans les textes l'éventualité même d'une telle déviance. Pour autant, Mortimer Ternaux proposait de renforcer l'article 360 sur le point qui avait alors démontré ses faiblesses : en faisant explicitement référence au corps du mort, et aux atteintes physiques qu'il pouvait subir, le projet visait à protéger l'intégrité corporelle du cadavre. Il s'agissait alors de multiplier par 5 la peine maximale encourue. Cette sévérité accrue démontre la sensibilité du sujet, et laisse percevoir tout le désarroi dans lequel François Bertrand a pu plonger la société lorsque ses profanations furent découvertes.

Aussitôt la proposition déposée, une commission, avec à sa tête le député de la Meurthe, Maurice de Foblant, fut chargée de l'examiner. Elle trancha la question en émettant un point de vue particulièrement intéressant :

---

[17] Mortimer Ternaux, *Proposition tendant à modifier l'article 360 du code pénal,* Paris, Imprimerie de l'Assemblée nationale, 1849, p. 1.

« La France doit-elle, sous l'empire d'un fait récent, épouvantable, d'un fait que la science médicale a elle-même déclaré unique dans ses annales, la France doit-elle, d'une part, aggraver la peine qui frappe les violateurs de sépultures, et, en outre, créer un crime nouveau, un crime spécial et non prévu jusqu'à ce jour : le crime de mutilation de cadavres ?

Votre commission, Messieurs, n'a pas pensé qu'il en dût être ainsi. »[18]

La commission rejoignait en ce sens les commentateurs – médecins, journalistes, juristes – qui affirmaient à l'unisson que Bertrand constituait un spécimen unique en son genre, sans précédent, et forcément sans successeur.

Tout en reconnaissant parfaitement la « disproportion » de la peine appliquée par rapport aux « faits odieux » et « révoltants » commis, la commission estimait que :

« La violation de sépulture, en vue de la violation même, est un acte tellement odieux et heureusement d'une rareté telle, que la loi aurait pu, à la rigueur, se dispenser complètement de le prévoir et de le punir. »[19]

On objectera qu'au regard des statistiques, des affaires de violation de sépulture étant jugées chaque année, l'article 360 conservait toute son utilité. Bien plus en tout cas que l'article 359, qui prévoyait de punir le recel de cadavres, délit qui n'apparut qu'exceptionnellement devant les tribunaux. Mais selon la commission, les profanateurs, d'ordinaire, avaient pour motivation essentielle le vol. C'était donc à eux que l'article 360 s'adressait, et devait continuer à s'adresser, et non à un « profanateur réfléchi », à un « être contre-nature », motivé par ses instincts les plus sombres.

---

[18] Maurice de Foblant, *Rapport fait au nom de la commission chargée de donner son avis sur la prise en considération de la proposition de M. Mortimer Ternaux relative à l'article 360 du code pénal qui punit la violation de tombeaux et sépultures*, Séance du 27 juillet 1849, Paris, Imprimerie de l'Assemblée nationale, 1849, p. 3.

[19] *Id.*, p. 4.

La commission conclut donc, au sujet de ces nécrophiles, et des nécro-sadiques :

« Cette espèce d'être n'existe pas, Messieurs ; telle est la conviction de votre Commission unanime ; et c'est parce que la proposition de M. Mortimer Ternaux pourrait faire croire qu'elle existe, que votre Commission est d'avis de ne point prendre cette proposition en considération »[20].

La stratégie à adopter pour défendre la société contre les attaques des nécrophiles et autres nécro-sadiques était donc claire : nier l'éventualité même de l'existence de tels monstres, pour mieux s'en protéger. Les nécrophiles apparaissaient donc comme ces vampires auxquels l'imaginaire les assimilait si souvent : qu'y aurait-t-il à craindre de quelque chose qui n'existe pas ? A quoi bon, donc, créer une loi, ou adapter celle existante, pour se protéger d'une chimère ?

La commission craignait d'ailleurs, en inscrivant le monstre dans les textes, d'inciter les imitateurs, et ainsi, en quelque sorte, de lui donner vie :

« Mais ces faits, auxquels l'esprit humain se refuse à croire, sont du nombre de ceux que la loi doit, en quelque sorte, s'abstenir de mentionner et d'atteindre, croyant, en pareille circonstance, mieux protéger la société par son silence qu'elle ne le ferait par ses rigueurs »[21].

Il est bien évident qu'à chaque nouvelle affaire de nécrophilie qui éclata par la suite, cette stratégie de négation démontra ses limites. Pourtant, à chaque fois, le même argument fut utilisé : il s'agissait là de faits d'une rareté extraordinaire, il n'y en aurait plus dorénavant, il n'est donc pas utile de légiférer.

---

[20] *Id.*, p. 5.
[21] *Id.*, p. 3.

### Stratégies d'adaptation

L'émotion suscitée par l'affaire Bertrand put retomber pendant quelque temps. Durant les années qui suivirent, seuls quelques cas de violation de sépulture portés à l'attention du public ont pu faire ressurgir le souvenir du sergent Vampire. Près du Havre, entre 1864 et 1867, trois cadavres de femmes furent exhumés des cimetières de Sainte-Adresse[22], Sanvic[23] et Graville-Sainte-Honorine[24]. Les corps furent retrouvés dénudés et mutilés, dans des champs ou des bois alentours. En septembre 1867, le cadavre d'une femme fut retrouvé hors de sa bière au cimetière du Père-Lachaise, sans qu'aucun objet de valeur n'ait été dérobé[25]. Enfin, dans le même cimetière, au mois d'avril 1869, la presse déclara avoir trouvé un « successeur » au sergent Bertrand. Les corps de deux hommes et d'une femme avaient en effet été extraits de la fosse commune, et « les traces évidentes d'un outrage récent dont la mort n'avait pu le préserver »[26] furent constatées sur le cadavre féminin. En dépit de cette étonnante concordance de temps, ainsi que des recherches menées, le, ou les auteurs des faits ne furent jamais interpellés, et la justice n'eut pas à se prononcer à nouveau sur la question.

Ce n'est qu'en 1875 qu'un tribunal eut à nouveau à faire face à un nécrophile, lorsque Lenne, jugé à Paris, leva de nouveau le voile rassurant que Foblant et sa commission avaient jeté sur la question en 1849.

Chargé par un voisin de veiller le corps de sa jeune épouse fraîchement décédée pendant que ce dernier allait chercher des faire-part, Lenne fut surpris par le veuf dans une position embarrassante. Inquiet, l'époux fit examiner le corps par un médecin, qui livra ses constatations devant la cour : « le prévenu a odieusement profané le cadavre »[27].

---

[22] *Le Temps*, 4 novembre 1864.
[23] *Le Courrier de Bretagne*, 22 mars 1865.
[24] *Le Courrier de Bretagne*, 6 avril 1867.
[25] *Journal des Débats*, 11 septembre 1867.
[26] *Le Gaulois*, 2 avril 1869.
[27] *Gazette des Tribunaux*, 5 juin 1875.

Dans ce cas, aucune tombe n'avait été ouverte, aucun corps exhumé. Pourtant, le substitut du procureur demanda, à l'encontre de Lenne, l'application de l'article 360. Pour justifier ce point de vue, la Cour interpréta la loi ainsi :

« Que de même que, d'après la jurisprudence, la violation du cercueil dans lequel un mort est déposé, quoiqu'elle soit accomplie avant l'inhumation, tombe sous l'application de la loi, de même aussi il y a lieu, dans l'esprit de l'article 360, de considérer comme une sépulture le lit qui renferme les restes d'un mort, alors surtout que le corps est enseveli dans les linges qui doivent à tout jamais le couvrir, et que le Christ placé en évidence sur la poitrine du défunt et la lumière des flambeaux indiquent un commencement de cérémonie funèbre et commandent le respect de la mort (...) »[28]

Sans protéger explicitement le corps du mort, le tribunal, en assimilant tout commencement de rite funèbre à une sépulture, accrut ainsi considérablement l'espace de protection du cadavre humain. La marge de manœuvre du nécrophile se restreignait donc considérablement, et seul le fait de souiller un corps frais et n'ayant subi aucun commencement de rite funèbre (ce que le tribunal ne définit pas, laissant ainsi une marge importante à l'interprétation), semblait pouvoir l'exempter d'une condamnation. Cette décision fut inscrite dans la jurisprudence, et largement commentée par la suite[29].

En dépit de cette décision, l'idée selon laquelle la nécrophilie constituait une déviance rarissime perdurait, et il fallait probablement davantage voir dans cette extension, ou cette précision de l'article 360, un moyen de faire condamner Lenne comme un cas particulier plutôt que comme une volonté de garantir, à l'avenir, d'un meilleur encadrement de la nécrophilie par les tribunaux.

Par l'intermédiaire de cette précision de la Loi, Lenne fut effectivement reconnu coupable de violation de sépulture, et

---

[28] *Ibid.*

[29] *Jurisprudence Générale Dalloz*, 1876, 2e partie, pp. 113-114.

condamné, le 4 juin 1875, à une peine de 6 mois d'emprisonnement. Les archives relatives à ce procès n'ayant pas été conservées, il serait hasardeux de tenter d'interpréter le choix de cette peine, inférieure de moitié à celle prononcée contre Bertrand.

En revanche, un point est certain : la peine ne parut pas correspondre à la gravité morale de l'acte commis. En effet, en réaction au verdict, le Ministère public interjeta appel à minima, et M. Benoist, avocat général, demanda à la Cour d'appliquer au prévenu, au nom de la « Conscience publique », le maximum de la peine prévue par l'article 360. Ce fut chose faite, le 8 juillet 1875, par jugement de la Cour de Cassation[30].

Ainsi, si l'année de prison de Bertrand sembla bien dérisoire aux observateurs, les 6 mois de Lenne apparurent comme une erreur grossière, immédiatement réparée. Et Lenne, qui avait abusé du corps d'une morte, sans exhumation préalable, fut condamné à la même peine que Bertrand, auteur de multiples exhumations accompagnées de mutilations sadiques. On comprend donc la portée, plus symbolique qu'adéquate, de cette application de la peine maximale, et le fait que des actes, inégaux tant quantitativement que qualitativement, s'avéraient porteurs, aux yeux de cette conscience publique, d'une même force transgressive, d'une même monstruosité.

D'autres jugements semblent démontrer une volonté de faire condamner les nécrophiles à la peine la plus lourde prévue par la Loi. Le procès d'Henri Blot en est un bon exemple.

Blot, ancien fossoyeur au cimetière de Saint-Ouen, fut arrêté en 1886 pour avoir exhumé et violé les corps de Fernande Méry, 18 ans, figurante au théâtre, et de Pauline Chaillet, 1 an. Il fut donc jugé pour ces « deux horribles profanations compliquées d'attentat »[31]. Mais l'accusation de violation de sépulture se compliqua elle aussi de deux autres accusations. Pour coups, en premier lieu, puisqu'à l'affaire vint s'ajouter la plainte d'un

---

[30] *Gazette des Tribunaux*, 9 juillet 1875.
[31] *Gazette des Tribunaux*, 26 août 1886

nommé Senet, brutalisé par l'accusé deux ans auparavant. En second lieu, pour outrage public à la pudeur, dans le cadre des violations commises, ce qui permit de mettre l'accent sur le caractère sexuel des actes. Mais, comme l'indiqua Maître Signorino, l'avocat de Blot, un tel outrage n'existait pas, « le fait s'étant passé à une heure du matin, par une nuit noire, dans un lieu fermé, ou le public n'a plus accès »[32]. Malgré cela, ces deux accusations semblent avoir été opportunément utilisées pour répondre à la deuxième partie de l'article 360 : « sans préjudice des peines contre les crimes ou délits qui se seraient joints à celui-ci », et pour fournir ainsi au tribunal deux chances d'accroître la peine de Blot. Ce qui peut apparaître comme une stratégie, s'avéra payant, car si l'accusation d'outrage ne tenait pas, les deux autres furent retenues, et conformément au droit, Blot se vit appliquer la plus lourde des deux peines, soit celle prévue par l'article 311 du Code (6 mois à 2 ans d'emprisonnement). Celui qu'on appelait désormais le Vampire de Saint-Ouen fut donc condamné à deux ans de prison, soit le double de la peine maximale qu'il encourait pour les seules violations de sépulture.

D'autres affaires, qu'il n'est pas possible de développer dans le cadre de cet article, viennent démontrer les tentatives faites pour que le nécrophile soit systématiquement condamné à la peine la plus lourde envisageable. Ainsi Berden[33], qui avait abusé du corps de sa mère, déjà préparé par l'ensevelisseuse, fut, comme Bertrand et Lenne, condamné à un an d'emprisonnement. En 1902, le « Vampire d'Anthy », qui fut surpris par des témoins alors qu'il abusait d'un corps dans le cimetière communal, eut moins de chance, et fut condamné pour outrage public à la pudeur et violation de sépulture, à deux ans d'emprisonnement[34], soit la peine maximale alors prévue par l'article 330 du Code, encadrant l'outrage public à la pudeur.

---

[32] *Ibid.*
[33] *Gazette des Tribunaux*, 30-31 mai 1887.
[34] *L'Indicateur de la Savoie*, 12 avril 1902.

## Le nécrophile échappe encore à la justice

Aucun nécrophile, en l'état actuel des recherches effectuées, n'a bénéficié d'une peine inférieure à un an de prison, ce qui démontre la gravité avec laquelle étaient estimés les actes commis. Néanmoins, quelques rares individus, qui avaient pourtant été interpellés, purent échapper à une condamnation. Ainsi, en 1889, Désiré Harang semble avoir pu échapper à un procès, en s'insérant dans la faille laissée par le jugement rendu en 1875 à l'encontre de Lenne. Harang avait en effet abusé du corps de sa mère, qu'il avait découverte inanimée, avant même que le moindre geste à caractère funéraire n'ait été effectué. Pour que Désiré Harang soit condamné, il aurait donc fallu que la loi mentionne explicitement le cadavre. L'épilogue de cette affaire incita à de nouvelles réactions à l'encontre de l'imperfection du Code : « Après deux jours de détention, il a été relâché. Si la mise en liberté a eu lieu, la faute en est à notre Code, qui veut que le monstrueux forfait d'Harang ne soit prévu par aucun texte de loi. »[35] Mais ce que Bonnet regrettait surtout au travers de cet article, c'est que le nécrophile, aliéné à ses yeux, n'ait pas été interné.

L'internement, en effet, constitue une autre forme de prise en charge du nécrophile par la société. Parce que, par l'adoption de cette solution, le nécrophile est soustrait à la justice[36], elle ne nécessitait pas d'être développée dans le cadre de cet article. Néanmoins, il convient d'en dire quelques mots. En décembre 1901, Victor Ardisson, le « Vampire du Muy », fut interpellé après avoir à de multiples reprises exhumé et profané des cadavres dans le cimetière de son village. Il risquait une très lourde peine, puisqu'il était question, en plus des violations de sépultures, « d'attentat à la pudeur et de vols d'objets funéraires, avec les circonstances aggravantes de lieu clos et de nuit »[37]. Le 23 décembre 1901, Ardisson fut déclaré irresponsable par les médecins qui l'examinèrent, et interné à l'asile de Pierrefeu, où il

---

[35] Henry Bonnet, « Un aliéné en liberté », *Annales médico-psychologiques*, 11, 1890, p. 172.

[36] Emmanuel Pierrat, *Le sexe et la Loi*, Paris, la Musardine, 2008 (1996), p. 166.

[37] *Le Temps*, 8 octobre 1901.

mourut une quarantaine d'années plus tard. Dès le procès Bertrand, la question de la responsabilité pénale et de l'internement du nécrophile avait été soulevée. Le Docteur Marchal de Calvi, qui s'était occupé du sergent, déclara au tribunal : « cet homme n'est pas responsable de ses actes. Il n'était pas libre. »[38]. Marchal exposa le cas de conscience auquel il avait eu à faire face : d'un côté, l'intérêt de son patient, qui s'il était reconnu coupable, ne purgerait qu'une peine relativement légère, à l'issue de laquelle il retrouverait sa liberté ; de l'autre côté, l'intérêt de la société, pour qui l'internement du nécrophile, déclaré irresponsable, signifiait une mise à l'écart permanente de la menace. Mais dans un cas comme dans l'autre, la solution n'était que partiellement satisfaisante. L'internement, qui reconnaissait la folie du nécrophile, et affirmait ainsi son anormalité, privait aussi la société d'un procès, théâtre idéal pour voir le nécrophile répondre de ses actes, et pour lui infliger une punition à valeur de réprobation collective. La condamnation n'avait de son côté qu'une durée limitée dans le temps, temps à l'issue duquel le nécrophile retrouvait sa place au sein du corps social, ayant payé pour son acte. La condamnation était de plus vouée à l'échec, puisqu'il n'y aurait jamais adéquation entre la gravité morale de l'acte, et la peine prononcée. La société, dans tous les cas de figure, se trouvait donc impuissante à répondre d'une façon satisfaisante à la transgression commise par le nécrophile.

## En guise de conclusion

Le sujet mériterait d'être étudié dans un cadre contemporain. En 1994, le Code pénal a franchi l'étape sur laquelle l'ancienne législation butait : l'article 225-17 reconnaît désormais l'atteinte à l'intégrité du cadavre « par quelque moyen que ce soit »[39]. Il punit d'un an d'emprisonnement et de 15 000 euros d'amende la violation de sépulture, peine qui passe à 2 ans et 30 000 euros lorsque cette infraction est accompagnée d'atteinte à l'intégrité du cadavre. Cependant, le principe antérieur est conservé : ce n'est pas

[38] *Gazette des Tribunaux*, 11 juillet 1849.
[39] Daniel Borillo, *Le droit des sexualités*, Paris, PUF, 2009, pp. 208-209.

la nécrophilie, en tant qu'acte sexuel qui est punie, mais la nécrophilie comme une forme parmi d'autres d'atteinte à l'intégrité du cadavre. Il serait intéressant de se pencher sur les raisons ayant motivé cette absence de prise en compte de la nécrophilie comme cas particulier.

Il serait tout aussi intéressant de mettre la législation française en rapport avec les textes en vigueur aux Etats-Unis, qui ne sont pas sans témoigner d'une même incapacité à trancher la question de l'encadrement du nécrophile par la justice.

En 2006, une affaire impliquant trois jeunes hommes du Wisconsin, suscita l'émotion du public et des spécialistes du droit, qui découvraient brutalement que la nécrophilie, n'ayant pas été prévue par la loi, ne pouvait être punie. Un article de John Troyer, publié en 2008[40], établit à cette occasion un tableau complet des législations fédérales susceptibles d'apporter une réponse dans des affaires similaires. Neuf états ne possédaient alors aucun texte rendant possible la condamnation d'un nécrophile (dont le Wisconsin, qui modifia sa législation précisément à l'issue de l'affaire mentionnée). Quatre états seulement pénalisaient la nécrophilie, en tant que telle (« *necrophilia laws* »), prévoyant des peines variées, pouvant aller jusqu'à la prison à vie dans le Nevada. Les autres offraient des solutions diverses, incluant, de façon plus ou moins évidente, la nécrophilie aux lois portant sur la protection des corps (« *abuse of a corps laws* »), ou sur les actes « contre-nature » (« *unnatural acts or crimes against nature laws* »).

Cette variété de traitement montre que la nécrophilie semble soulever les mêmes doutes et interrogations à notre époque, qu'au XIXe siècle. Elle met en avant la difficulté des sociétés à encadrer une déviance dont la portée est avant tout morale, qui ne fait pas de victime à proprement parler ; une déviance qui met en relation deux figures de la monstruosité : le cadavre d'une part, élément indéfini, et le nécrophile d'autre part, transgresseur extrême. Ces

[40] John Troyer, « Abuse of a corpse : A brief history and re-theorization of necrophilia laws in the USA », *Mortality*, vol.13, n° 2, mai 2008, pp. 132-152.

deux figures s'insèrent difficilement dans le cadre juridique tel qu'il est constitué, ce qui explique probablement l'ambiguïté des jugements et des textes de loi, qui voudraient tout à la fois reconnaître le caractère extraordinaire du nécrophile, en lui infligeant une peine exemplaire, et se fonder justement sur ce caractère exceptionnel pour ne pas lui reconnaître d'existence spécifique du point de vue du droit.

# Partie 4 : Le sexe défavorisé

# L'encadrement de la prostitution par le droit, reflet d'un ordre juridique insaisissable

Caroline Bugnon,
Docteur en droit public
Centre de Recherche et d'Etude en Droit et Science Politique
Faculté de droit de Dijon

« Chacun et chacune d'entre vous avez sans doute un avis sur la prostitution. Vous êtes contre, vous êtes pour, ou bien vous oscillez entre le « oui » et le « non, mais ». Or, la prostitution n'est peut-être pas ce que vous croyez. Et ce n'est pas de votre faute si les « informations » parvenues jusqu'à vous présentent juste une vision et non pas une vision juste d'un phénomène extraordinairement complexe et suscitant les plus âpres polémiques »[1] ; en introduisant de la sorte leur ouvrage intitulé *La prostitution à Paris*, Marie-Elisabeth Handman et Janine Mossuz-Lavau mettent en garde le lecteur contre le danger d'énoncer des avis définitifs lorsqu'il s'agit d'appréhender le phénomène prostitutionnel. Cela reviendrait à nier le fait qu'il n'existe pas *une* prostitution mais *des* prostitutions, tant les situations et les parcours des personnes prostituées sont divers. En réalité, analyser le phénomène prostitutionnel s'avère être une entreprise délicate car la notion même de prostitution est plus complexe et subtile qu'il n'y paraît. Or force est de constater que les zones d'ombre qui entourent la notion de prostitution sont étroitement liées à la façon dont le droit français appréhende cette activité.

Certes, dans un arrêt daté du 27 mars 1996, la Chambre criminelle de la Cour de cassation a proposé une définition de la prostitution qui consiste pour la personne à « se prêter, moyennant une rémunération, à des contacts physiques de quelque nature

[1] M.-E. Handman et J. Mossuz-Lavau, « Avant-propos », in M.-E. Handman et J. Mossuz-Lavau (dir.), *La prostitution à Paris*, Paris, Editions de la Martinière, 2005, p 11.

qu'ils soient, afin de satisfaire les besoins sexuels d'autrui »[2]. Toutefois, cette définition ne nous éclaire pas davantage sur les règles juridiques qui lui sont applicables, et le Code pénal lui-même n'est pas d'un grand secours car aucune de ses dispositions ne traite à proprement parler de la prostitution.

L'absence de condamnation pénale de la prostitution est toutefois justifiée par le fait que la France est actuellement inscrite dans un courant dit abolitionniste et non pas prohibitionniste. En effet, il convient de noter dès à présent que les divers systèmes juridiques européens s'appuient sur trois points de vue traditionnels en matière de prostitution[3] : le prohibitionnisme, le réglementarisme et l'abolitionnisme. Si l'Etat prohibitionniste appréhende les acteurs de la prostitution – la personne prostituée, le proxénète et le client – comme des délinquants qu'il convient de réprimer, le courant réglementariste revendique pour sa part la légalisation- donc la professionnalisation – de la prostitution. Parmi les Etats dits réglementaristes, on compte notamment la Nouvelle-Zélande, la Suisse, l'Autriche, la Grèce mais également l'Allemagne et les Pays-Bas[4]. Cette politique réglementariste se traduit par l'absence de condamnation du proxénétisme dans la mesure où la prostitution est volontaire et ne concerne pas les mineurs. Entreprises à part entière, les établissements destinés à l'exercice de la sexualité vénale prennent le plus souvent la forme d'une maison close, d'un salon de massage ou d'un sex-shop dans lesquels la prostitution peut s'exercer en vitrine comme aux Pays-Bas.

---

[2] Cass. Crim., 27 mars 1996, Bull. n° 138.

[3] Pour davantage de précisions sur les différents régimes juridiques applicables à la prostitution, voir notamment F. Blum, « Prostitution : quelques définitions », *Vie Sociale*, n° 7-8 et 9-10, 1993, pp 5-8 ; M. Platvoet, *Prostitution- quelle attitude adopter ? Rapport de la commission sur l'égalité des chances pour les femmes et les hommes du 9 juillet 2007*, document 11352, disponible sur le site de l'Assemblée parlementaire du Conseil de l'Europe.

[4] Fondation Scelles, *La prostitution adulte en Europe*, Ramonville Saint-Agne, Erès, 2002.

En France, l'adoption de la loi du 13 avril 1946 dite loi Marthe Richard[5] marque le passage d'une politique réglementariste à une politique abolitionniste de la prostitution. Ce changement de régime est par ailleurs pleinement consacré grâce à l'adoption par la France de la Convention des Nations Unies pour la répression de la traite des êtres humains et de l'exploitation de la prostitution d'autrui du 2 décembre 1949[6]. Ainsi, les autorités françaises mènent une politique visant à abolir toute réglementation de la prostitution qui aurait pour inconvénient de légitimer officiellement et donc de banaliser une activité synonyme d'esclavage sexuel en ce qu'elle porte atteinte à la dignité de la personne qui l'exerce. Pour autant, contrairement au régime prohibitionniste, le législateur français refuse d'appréhender l'exercice de la prostitution comme un délit car, fidèle à l'héritage laissé par les révolutionnaires, il estime que la sexualité relève de la liberté individuelle.

L'adoption de la loi Marthe Richard de 1946 a été le point de départ d'une série de réformes touchant à l'activité prostitutionnelle[7], dont la dernière date de l'entrée en vigueur de la loi du 18 mars 2003 pour la sécurité intérieure[8]. Toutefois, cette loi

---

[5] Loi n° 46-685 du 13 avril 1946 tendant à la fermeture des maisons de tolérance et au renforcement de la lutte contre le proxénétisme, JO du 14 avril 1946, pp. 3138-3139.

[6] Préambule de la Convention des Nations Unies pour la répression de la traite des êtres humains et de l'exploitation de la prostitution d'autrui du 2 décembre 1949 : « la prostitution et le mal qui l'accompagne, à savoir la traite des êtres humains en vue de la prostitution, sont incompatibles avec la dignité et la valeur de la personne humaine ».

[7] Voir notamment l'ordonnance n° 60-1245 du 25 novembre 1960 relative à la lutte contre le proxénétisme, JO du 27 novembre 1960, pp. 10603-10608. Décret n° 58-1039 du 31 octobre 1958 instituant un Office central chargé de faciliter la lutte contre le proxénétisme, *Dalloz* 1958, Législation, pp. 373-374. Article 77 de la loi n° 92-1336 du 16 décembre 1992 relative à l'entrée en vigueur du nouveau Code pénal et à la modification de certaines dispositions du droit pénal et de procédure pénale, JO du 23 décembre 1992, p. 17572.

[8] Loi n° 2003-239 du 18 mars 2003 pour la sécurité intérieure, JO du 19 mars, pp 4761-4789.

a révélé un certain nombre de faiblesses et d'incohérences car elle a eu pour effet de rendre l'exercice de la prostitution toujours plus difficile, sans pour autant condamner expressément l'acte prostitutionnel. En effet, étudier le régime juridique applicable à la prostitution, c'est avoir à l'esprit que si la prostitution n'est pas en elle-même illégale, d'autres notions qui lui sont pourtant voisines telles que le racolage sur la voie publique et le proxénétisme, tombent sous le coup de la loi pénale. Or le législateur n'aide pas à dissiper le flou qui entoure les frontières séparant la prostitution, le racolage et le proxénétisme.

Les dispositions pénales relatives à la lutte contre le racolage et le proxénétisme révèlent que le législateur appréhende la personne prostituée en tant que délinquante, auteur potentiel d'infractions, susceptible de causer un trouble à l'ordre public, mais également en tant que victime de son exploitation sexuelle qu'il convient de protéger au nom du respect de la dignité de la personne humaine. La question se pose alors de savoir si le statut hybride reconnu à la personne prostituée n'entre pas en contradiction avec la vision abolitionniste de la prostitution (I).

La France étant actuellement dépassée par le développement du trafic d'êtres humains à des fins d'exploitation sexuelle, des voix s'élèvent pour inciter les autorités publiques à quitter le régime abolitionniste au profit d'un régime réglementariste[9]. La question est la suivante : ce dernier serait-il plus à même d'améliorer la situation des personnes prostituées tout en luttant efficacement contre la traite des êtres humains à des fins d'exploitation sexuelle ? La complexité des débats entourant le choix du régime applicable à la prostitution tient au fait que quel que soit le modèle choisi – réglementariste ou abolitionniste – cela revient dans tous les cas à s'interroger sur le statut que l'on doit accorder au corps

---

[9] C. Legardinier, « Maisons closes : 60 ans après la fermeture, l'éternelle tentation », *Prostitution et société* n°152, janvier-mars 2006, p. 16. Voir également les propos récents de C. Boutin, « Christine Boutin n'est pas opposée à la réouverture des maisons closes », 24 novembre 2009, disponible sur le site *www.lemonde.fr*.

humain par l'intermédiaire duquel se réalise l'acte sexuel et au degré de maîtrise que l'individu peut avoir sur son corps (II).

## I – La personne prostituée, victime ou délinquante ?

Dans un même chapitre du Code pénal, différentes infractions se côtoient parmi lesquelles on compte le proxénétisme, la traite des êtres humains et le racolage sur la voie publique. Ces infractions sont révélatrices du statut hybride accordé à la personne prostituée : victime de son exploitation sexuelle (A), elle n'en demeure pas moins une délinquante susceptible de causer un trouble à la tranquillité publique (B). On peut toutefois s'interroger sur la façon dont il convient d'appréhender ce curieux voisinage ; ce dernier ne reflète-t-il pas à lui seul l'incohérence de la politique prostitutionnelle française ?

### A. L'accompagnement de la personne prostituée, victime de son exploitation sexuelle

Conformément aux engagements internationaux de la France[10], le législateur s'investit dans la lutte contre différents types d'exploitation portant atteinte à la dignité de la personne humaine : la traite des êtres humains et le proxénétisme.

Insérée à l'article 225-4-1 du Code pénal, la traite des êtres humains est définie comme « le fait, en échange d'une rémunération ou de tout autre avantage ou d'une promesse de rémunération ou d'avantage, de recruter une personne, de la transporter, de la transférer, de l'héberger ou de l'accueillir, pour la mettre à sa disposition ou à la disposition d'un tiers, même non

[10] Outre la Convention pour la répression de la traite des êtres humains et de l'exploitation de la prostitution d'autrui approuvée par l'Assemblée générale des Nations Unies le 2 décembre 1949, on pense au protocole additionnel à la Convention des Nations Unies contre la criminalité transnationale organisée visant à prévenir, réprimer et punir la traite des personnes, en particulier des femmes et des enfants, adopté par l'Assemblée générale des Nations Unies le 15 novembre 2000 et signé par la France à Palerme le 12 décembre 2000.

identifié, afin (...) de permettre la commission contre cette personne des infractions de proxénétisme, d'agression ou d'atteintes sexuelles (...). La traite des êtres humains est punie de sept ans d'emprisonnement et de 150 000 euros d'amende ».

À travers cette incrimination, le législateur se concentre sur le « passeur » qui, en échange d'une rétribution, joue un rôle dans l'exploitation de la personne prostituée, notamment en la livrant au proxénète. L'Organisation internationale des migrations comptait en 2006 environ quatre millions d'individus victimes de la traite, dont cinq cent mille personnes exploitées dans les pays d'Europe occidentale, pays particulièrement touchés par le phénomène de migration de la prostitution dû en grande partie à la mondialisation des échanges et à l'ouverture des frontières[11]. Suivant les chiffres avancés par la Fondation Scelles, vingt millions d'individus sont touchés par la prostitution à travers le monde ; la prostitution est le troisième trafic mondial après la drogue et les armes et 79% des victimes recensées de la traite sont destinées à l'exploitation sexuelle.

S'agissant du proxénétisme, la prostitution rapporte environ trente milliards d'euros par an aux proxénètes et environ 80% des personnes prostituées sont entre les mains d'un proxénète[12]. Incrimination insérée à l'article 225-5 du Code pénal, le proxénétisme est défini comme « le fait, par quiconque, de quelque manière que ce soit d'aider, d'assister ou de protéger la prostitution d'autrui ; de tirer profit de la prostitution d'autrui, d'en partager les produits ou de recevoir des subsides d'une personne se livrant habituellement à la prostitution ; d'embaucher, d'entraîner ou de

---

[11] Fondation Scelles, *La prostitution adulte en Europe*, *op. cit.*, p 55. Ce trafic génère dans l'Union européenne un bénéfice en augmentation constante d'environ quinze milliards d'euros par an. Voir également R. Poulin, « La mondialisation des marchés du sexe », *Prostitution et Société*, n°135, octobre-novembre-décembre 2001, pp. 10-11.

[12] Fondation Scelles, « Connaître, comprendre et combattre l'exploitation sexuelle. Un constat alarmant », article et chiffres disponibles sur le site de la Fondation Scelles.

détourner une personne en vue de la prostitution ou d'exercer sur elle une pression pour qu'elle se prostitue ou continue à le faire ».

Cette disposition est révélatrice de la position abolitionniste de la France car elle condamne toute personne qui tire avantage de la prostitution d'autrui, sans pour autant distinguer les cas où la prostitution est dite libre ou forcée. En effet, perçue par les autorités publiques comme une inadaptation sociale, la prostitution est une activité qui ne saurait être volontaire. A travers la répression du proxénétisme et de la traite des êtres humains, le législateur français vise clairement à protéger les libertés individuelles comme la liberté du consentement à l'acte sexuel, au titre du droit au respect de la dignité de la personne humaine.

Fidèle à l'esprit abolitionniste, la législation française prévoit également la mise en place d'un accompagnement social de la personne prostituée. À titre d'illustrations, l'article 42 de la loi du 18 mars 2003 prévoit que « toute personne victime de l'exploitation de la prostitution doit bénéficier d'un système de protection et d'assistance, assuré et coordonné par l'administration en collaboration active avec les divers services d'interventions sociales ». Pour sa part, l'article L. 345-1 du Code de l'action sociale et des familles est complété par un alinéa ainsi rédigé : « des places en centres d'hébergement et de réinsertion sociale sont ouvertes à l'accueil des victimes de la traite d'êtres humains dans des conditions sécurisantes ». On comprend que le législateur français, soutenu par les services sociaux et associatifs, se préoccupe tant des personnes prostituées qui souhaitent sortir du milieu de la prostitution, que de celles qui ont besoin d'un accompagnement social et médical pour améliorer leurs conditions d'existence.

Ces propos méritent néanmoins d'être nuancés au regard de la réalité des situations rencontrées par les personnes prostituées. En effet, les dispositions relatives à la mise en place d'un accompagnement social restent bien souvent lettre morte. À titre d'illustration, nombreux sont les témoignages des personnes prostituées qui font état des difficultés rencontrées pour accéder à un logement en raison de l'absence de fiches de salaire, pour avoir accès à un compte bancaire sans déclarer ses revenus, ou pour se reconvertir dans une autre activité par le biais d'une formation professionnelle[13].

Les difficultés rencontrées par la personne prostituée sont d'autant plus insurmontables lorsque la personne est d'origine étrangère[14]. Cette dernière fait pourtant l'objet d'une attention particulière de la part des autorités françaises[15]. Cette attention repose sur une réalité : bien souvent, les trafiquants commencent par promettre à ces jeunes femmes, une fois arrivées en France, des emplois bien rémunérés d'hôtesses, de danseuses ou de filles au pair, mais rapidement les proxénètes les forcent à se prostituer dans un climat de terreur instauré notamment grâce aux menaces qu'ils profèrent à l'égard de la famille restée au pays. Dépossédées de leurs papiers d'identité, les personnes étrangères se retrouvent en

---

[13] V. Guienne, « Politiques problématiques pour femmes publiques », in J. Danet et V. Guienne (dir), *Action publique et prostitution*, Rennes, Presses Universitaires de Rennes, 2006, p. 84 et p. 97. Voir dans le même sens C. Legardinier, « Plus précaires, moins payées, les femmes face à l'emploi », *Prostitution et Société*, n°154, juillet-septembre 2006, pp. 16-17. Fondation Scelles, « La réinsertion des prostituées », 12 janvier 2004, Site *www.fondationscelles.org*.

[14] En France, 2/3 des personnes prostituées sont étrangères, le plus souvent en provenance d'Albanie, de Bulgarie, de Russie, d'Afrique ou d'Amérique du Sud.

[15] Madame Marie-Jo Zimmermann, Présidente et Rapporteur de la Délégation aux droits des femmes, déclarait : « au cours de ces dernières années, le contexte de la prostitution a été profondément modifié par l'arrivée massive de prostituées étrangères dont l'exploitation correspond à un véritable esclavage. (…) Ces jeunes femmes sont recrutées et vendues comme de la marchandise. (…) Sur les 15 000 à 18 000 prostituées environ qui seraient en activité en France, la part des étrangères est en augmentation constante et représente près de 60 % de la prostitution de voie publique. (…) Ces prostituées étrangères sont souvent maltraitées ». M.-J. Zimmermann, Compte-rendu intégral des débats parlementaires, 2ème séance du mardi 14 janvier 2003, JO de l'Assemblée Nationale du mercredi 15 janvier 2003, pp. 55-56.

situation irrégulière sur le territoire et donc dans une impasse qui les contraint à garder le silence[16].

Parvenir à démanteler les réseaux de proxénétisme supposait pour le législateur d'inciter les personnes prostituées étrangères à dénoncer leur proxénète. C'est ainsi que l'article L. 316-1 du Code de l'entrée et du séjour des étrangers et du droit d'asile prévoit que « sauf si sa présence constitue une menace à l'ordre public, une carte de séjour temporaire portant la mention « vie privée et familiale » peut être délivrée à l'étranger qui dépose plainte contre une personne qu'il accuse d'avoir commis à son encontre les infractions visées aux articles 225-4-1 à 225-4-6 et 225-5 à 225-10 du Code pénal ou témoigne dans une procédure pénale concernant une personne poursuivie pour ces mêmes infractions. Cette carte de séjour temporaire ouvre droit à l'exercice d'une activité professionnelle. En cas de condamnation définitive de la personne mise en cause, une carte de résident peut être délivrée à l'étranger ayant déposé plainte ou témoigné ».

Cette disposition appelle plusieurs remarques. En premier lieu, calquée sur le modèle belge[17], cette politique doit permettre à la personne étrangère de régulariser sa situation sur le territoire, mais la délivrance d'une carte de séjour n'est pas gratuite : pour accéder à ce statut protecteur, elle doit collaborer et aider les instances policières et judiciaires dans leur mission de démantèlement des réseaux, en témoignant ou déposant plainte contre les auteurs d'infractions de traite d'êtres humains ou de proxénétisme. Il convient également de préciser que l'article L 316-1 précité, lui-même issu d'une loi du 24 juillet 2006 ayant pour objectif de transposer une directive communautaire du 29 avril 2004, n'impose pas à l'autorité compétente de délivrer une carte de séjour. En effet, l'autorité administrative n'a pas une compétence

---

[16] V. Guienne, *op. cit.,* p. 93. Voir également le témoignage d'une jeune ressortissante russe recueilli par Claudine Legardinier, « ce soir, tu iras travailler », *Prostitution et Société,* n° 137, avril-mai-juin 2002, pp. 4-6. Y. Bouyer, « Les mains nues face aux trafics », *Prostitution et Société,* n°137, avril-mai-juin 2002, p. 16.
[17] M.-J. Zimmermann, Rapport d'information, *op. cit.,* p 20.

liée dans cette hypothèse. En outre, on constate que lorsque le proxénète n'est finalement pas condamné pénalement, la personne prostituée bénéficie de papiers donnés sur une courte durée, et non pas d'une carte de résident. Ainsi, une fois le délai de la carte de séjour provisoire expiré, la jeune femme retrouve une situation précaire identique à celle connue avant d'avoir collaboré avec la justice : elle est de nouveau menacée d'une reconduite à la frontière et est contrainte de retourner dans la clandestinité. Par ailleurs, si témoigner contre un proxénète, c'est avant tout pour ces jeunes femmes se faire connaître des services de police, c'est également s'exposer à des risques du point de vue de leur sécurité, en faisant l'objet de représailles au sein des réseaux qui les exploitent[18]. De ce fait, on comprend pourquoi les dénonciations sont peu nombreuses au regard du nombre de personnes prostituées étrangères, esclaves de la traite et du proxénétisme.

Outre le fait que les premières aspirations officielles tendant au soutien des personnes prostituées n'ont pas été pleinement appliquées dans les faits, les personnes prostituées, tout en étant des victimes, sont également considérées comme des délinquantes par le droit, ce qui ne manque pas de rendre la politique prostitutionnelle française incohérente puisqu'il s'agit finalement de protéger la personne prostituée en la mettant en prison.

---

[18] C. Lazerges, « Quelle politique pour lutter contre l'esclavage en France aujourd'hui ? », *Hommes et Libertés*, n° 122, avril-mai-juin 2003, pp. 28-29. J. Vernier, « La loi sur la sécurité intérieure : punir les victimes du proxénétisme pour mieux les protéger ? », in M.-E. Handman et J. Mossuz-Lavau (dir.), *La prostitution à Paris*, *op. cit.,* pp. 139-141. Voir également : Commission nationale consultative des droits de l'homme, La lutte contre le racisme et la xénophobie, Rapport d'activité de 2002, Paris, *La Documentation française*, 2003, p. 320 ; Réseau UE d'experts indépendants sur les droits fondamentaux, Rapport sur la situation des droits fondamentaux dans l'Union européenne et ses Etats membres en 2002, Volume 1, Belgique, *Office des publications officielles des Communautés européennes*, 2003, p. 62.

B. La personne prostituée, une délinquante susceptible de causer un trouble à l'ordre public

Afin de rendre la prostitution moins visible et ainsi satisfaire les revendications des riverains se plaignant d'atteintes à la tranquillité publique, l'article 50 de la loi du 18 mars 2003 inséré à l'article 225-10-1 du Code pénal, condamne le racolage, c'est-à-dire « le fait, par tout moyen, y compris par une attitude même passive, de procéder publiquement au racolage d'autrui en vue de l'inciter à des relations sexuelles en échange d'une rémunération ou d'une promesse de rémunération ». Cette infraction est passible de deux mois d'emprisonnement et de 3 750 euros d'amende. Force est de constater que si le racolage était considéré jusque là comme une contravention, la loi sur la sécurité intérieure en fait désormais un délit[19] et alourdit les peines encourues. Il convient également de préciser que si l'article 225-11 du Code pénal punit la simple tentative de racolage, le racolage passif est remis au goût du jour après avoir été supprimé lors de la rédaction du nouveau Code pénal en 1994 en raison de ses difficultés d'application[20].

La question se pose alors de savoir comment distinguer précisément le racolage de la prostitution. La comparaison faite entre la définition de la prostitution proposée par la Cour de cassation en 1996, et la définition du racolage proposée par le

---

[19] Faire du racolage un délit, et non plus une simple contravention, n'est pas inoffensif car cela permet de lui appliquer le droit applicable à tous les délits, notamment les dispositions tendant à renforcer les possibilités d'investigations des officiers de police tant dans le cadre des contrôles d'identité que des contrôles de véhicules. En outre, le fait de hisser le racolage au rang de délit permet aux autorités d'enregistrer des informations nominatives relatives aux contrevenantes sur un nouveau fichier de police judiciaire. Se pose alors le problème de la conciliation entre l'obligation de maintenir l'ordre public et le respect des libertés individuelles.

[20] Voir notamment M.-L. Rassat, *Droit pénal spécial. Infractions des et contre les particuliers*, Paris, Dalloz, 2006, p. 642 ; C. Geslot, « Prostitution, dignité…Par ici, la monnaie ! », *Dalloz 2008*, Chronique, p. 1295.

législateur, est révélatrice du flou qui entoure ces deux notions. Or l'imprécision qui entache les notions de prostitution et de racolage-actif ou passif- est loin d'être anodine car si le racolage est puni par le droit, la prostitution est quant à elle tolérée. Cette imprécision se répercute nécessairement sur le quotidien des personnes prostituées qui font l'objet de gardes à vue ou de nombreuses arrestations pour racolage sur la voie publique. Il semble effectivement délicat pour les officiers de police de caractériser le délit de racolage public sans risquer de prononcer des arrestations arbitraires, a fortiori lorsque l'on sait que ces répressions ont lieu en présence d'une simple tentative de racolage[21]. Dans sa décision du 13 mars 2003, le Conseil constitutionnel conclut toutefois à la conformité de l'article 50 du texte de loi à la Constitution : suivant son raisonnement, si à court terme les personnes prostituées s'exposent à davantage de poursuites pour racolage sur la voie publique, la création d'une telle infraction doit avoir pour mission, à long terme, de priver le proxénétisme de ses sources de profit en dissuadant pénalement les personnes de se prostituer[22].

Depuis l'entrée en vigueur de la loi du 18 mars 2003, la Chambre criminelle de la Cour de cassation a eu l'occasion de préciser que ne relèvent pas du délit de racolage sur la voie publique « le fait de se trouver dans un lieu connu pour la prostitution, au bord d'un trottoir, (...) même si la prévenue a, sur la demande d'un tiers, accepté »[23] d'avoir une relation sexuelle avec lui, ou « le fait, au mois de juillet, vers minuit, de se trouver même dans un endroit connu pour la prostitution, légèrement vêtue et en stationnement au bord du trottoir », le client ayant pris

---

[21] I. Denise, « Le délit de racolage a deux ans », *Hommes et Libertés*, n° 130, avril-mai-juin 2005, pp. 19-20. Voir également les propos de M. J. M. Colombani, directeur de l'Office central de répression de la traite des êtres humains, repris par le Mouvement du Nid, Prostitution et Société n° 154, juillet-septembre 2006, p. 8. ; C. Geslot, *op. cit.*, pp. 1294-1295.
[22] CC, n° 2003-467 DC, 13 mars 2003, *Loi pour la sécurité intérieure*, JO du 19 mars 2003, p. 4794. Pour un commentaire, voir J. Vernier, « La loi sur la sécurité intérieure : punir les victimes du proxénétisme pour mieux les protéger ? », *op. cit.*, p. 128.
[23] Cass. Crim., 25 mai 2005, pourvoi n° 04-84714.

l'initiative d'aborder la jeune femme en vue de lui demander un service sexuel[24]. Ainsi, la Cour de cassation est attentive à ce que le délit ne soit caractérisé que si les autorités apportent la preuve que la prévenue a eu « une attitude qui dénote de sa part une certaine initiative pour inciter à des relations sexuelles »[25] ; or ce n'est pas le cas lorsque le client prend lui-même l'initiative de demander une relation sexuelle contre une rémunération.

Si l'approche de la Cour de cassation se veut rassurante, il est à noter que certaines Cours d'appel se montrent moins strictes au regard de la caractérisation du délit de racolage sur la voie publique. À titre d'illustration, une prostituée a été condamnée sur ce fondement car, assise dans un fourgon stationné dans un lieu connu pour la prostitution, elle attendait qu'un client vienne la solliciter[26]. Une jeune femme a également été condamnée pour racolage car elle était assise sur le siège d'un conducteur d'un fourgon et vêtue d'une nuisette non fermée et transparente[27].

Comme cela a toujours été le cas depuis plusieurs siècles, les personnes prostituées qui subissent cette nouvelle vague répressive[28] s'adaptent à la nouvelle loi ; pour se soustraire à

---

[24] Cass. Crim., 25 mai 2005, pourvoi n° 04-84769. Dans le même sens, voir CA de Paris, 22 octobre 2003 n° 2003/03547, CA de Toulouse, 24 novembre 2005, n° ct0028.

[25] M. Véron, « Qui racole ? Qui est racolé ? », note sous Cass. Crim., 25 mai 2005, pourvoi n°04-84769, Droit pénal, 2005, commentaire n° 138, p. 11.

[26] CA Reims, 25 février 2004, Juris-Data n° 2004-275508.

[27] CA Paris, 9 février 2005, Juris-Data n° 2005-274044. Michel Véron se réfère également à un arrêt de la Cour d'appel de Toulouse du 9 juin 2005 qui a condamné la personne prostituée pour racolage car elle « ne se contentait pas de se tenir sur le trottoir dans des lieux connus des clients, mais s'approchait de leurs voitures pour discuter des prestations et des prix », Droit pénal, 2005, p. 11. Voir également CA Amiens, 30 mars 2005, Juris-data n° 2005-275458 : la personne prostituée avait été interpellée sur une route notoirement connue pour l'exercice de la prostitution, munie d'une ombrelle multicolore devant attirer les clients.

[28] L'article 706-40 du Code de procédure pénale est également significatif de cette nouvelle vague répressive : en cas de proxénétisme par fourniture

l'arbitraire des contrôles policiers, elles choisissent de se déplacer hors des centres villes pour gagner les faubourgs, les routes nationales ou les forêts, ce qui ne manque pas de soulever de sérieux problèmes quant à leur sécurité[29]. Se développent également de manière significative les propositions de services sexuels sur Internet, par téléphone, dans les appartements ou dans des petites annonces, notamment celles qui sont affichées sur les feux de signalisation. Pourtant, bien que moins perceptible, la prostitution n'apparaît pas moins clandestine, ce qui rend par ailleurs plus difficiles les actions de prévention et de suivi sanitaire et social que leur apportent les associations créées à cet effet[30].

Autre fait qui mérite d'être souligné : la pénalisation d'un nouvel acteur qui était jusqu'à présent un grand oublié de l'histoire de la prostitution, c'est-à-dire le client. En effet, le législateur a déchargé ce dernier de l'impunité totale dont il bénéficiait car, outre le fait qu'il est pénalement responsable en cas d'exhibition sexuelle[31] et dans l'hypothèse où il est surpris en train de profiter

---

d'un local, « l'occupant et la personne se livrant à la prostitution sont solidairement responsables des dommages-intérêts pouvant être alloués pour trouble du voisinage. Lorsque les faits visés par cet article sont pratiqués de façon habituelle, la résiliation du bail et l'expulsion du locataire, sous-locataire ou occupant qui se livre à la prostitution ou la tolère sont prononcées par le juge des référés, à la demande du ministère public, du propriétaire, du locataire principal ou des occupants ou voisins de l'immeuble Les propriétaires ou bailleurs de ces locaux sont informés, à la diligence du ministère public, que ceux-ci servent de lieux de prostitution ».

[29] I. Denise, *op. cit.,* pp. 19-20. Voir également E. Redoutey, « Trottoirs et territoires, les lieux de prostitution à Paris », in M.-E. Handman et J. Mossuz-Lavau (dir.), *La prostitution à Paris*, *op. cit.,* p. 47 et p. 51 ; C. Geslot, *op. cit.,* p. 1296.

[30] J. Vernier, *op. cit.,* p. 124 et p. 132.

[31] Article 222-32 du Code pénal. Pour cela, il suffit que la relation sexuelle entretenue avec la personne prostituée se réalise dans un lieu accessible au regard du public et où un tiers non consentant est susceptible de les apercevoir. Voir notamment M. L. Rassat, *Droit pénal spécial. Infractions des et contre les particuliers*, *op. cit.,* pp. 583-597.

d'une personne prostituée dont il connaît la vulnérabilité[32], il semble que le client puisse également être sanctionné pour racolage sur la voie publique, et ce en raison du vaste champ d'application de l'infraction. C'est en tout cas sur cette voie que s'engagent de plus en plus de juridictions, bien qu'il n'y ait pas encore eu de condamnations de clients effectivement prononcées[33].

Le bilan de l'application de la loi du 18 mars 2003 s'avère négatif : parce que les personnes prostituées sont considérées avant tout comme des délinquantes, les autorités françaises n'envisagent pas de renforcer l'efficacité des interventions des divers acteurs sociaux. Afin d'améliorer le quotidien des personnes prostituées, l'argument de poids avancé par les partisans d'un retour au réglementarisme consiste à affirmer que la professionnalisation de cette activité est l'unique solution envisageable pour permettre aux personnes prostituées de ne plus être victimes de la clandestinité de

---

[32] Article 225-12-1 du Code pénal : est puni de trois ans d'emprisonnement et de 45 000 euros d'amende « le fait de solliciter, d'accepter ou d'obtenir, en échange d'une rémunération ou d'une promesse de rémunération, des relations sexuelles de la part d'une personne qui se livre à la prostitution, y compris de façon occasionnelle, lorsque cette personne présente une particulière vulnérabilité, apparente ou connue de son auteur, due à une maladie, à une infirmité, à une déficience physique ou psychique ou à un état de grossesse ».

[33] Voir notamment l'article de la Fondation Scelles, « Les clients des prostituées dans le collimateur de la justice niçoise », article qui reprend les propos de Monsieur de E. De Montgolfier, procureur de la République de Nice : « Dans l'inconscient collectif, le client serait le plus malheureux, le plus à plaindre. Mais on ne peut pas lutter contre la prostitution sans s'en prendre à ceux qui la favorisent et la permettent. (…) Le texte est suffisamment large pour poursuivre les clients pour racolage passif ou actif, selon les cas », site www.fondationscelles.org. Le tribunal de police de Bordeaux a relaxé le premier client à être poursuivi pour racolage actif, estimant que le fait d'interpeller une prostituée sur la voie publique pour lui demander ses tarifs ne suffisait pas à caractériser le délit, jugement repris par M. J. Zimmermann, Rapport d'information, *op. cit.,* p. 27. Voir également E. De Montgolfier, « Je suis attachée à la prévention », propos recueillis par C. Legardinier, *Prostitution et Société*, n° 157, avril-juin 2007, pp. 14-15.

leur activité et d'accéder aux mêmes droits sociaux que tous les autres travailleurs, c'est-à-dire au droit à la sécurité sociale, au droit syndical, au minimum des revenus ou au droit à la retraite[34].

Certes, toute une tradition juridique et philosophique française relative au statut du corps humain permet de maintenir et de consolider la politique abolitionniste des autorités publiques. Néanmoins, le débat instauré entre les courants abolitionniste et réglementariste, tendant à démontrer que l'acte prostitutionnel est la manifestation du droit de disposer de son corps ou, au contraire, la manifestation d'une atteinte à la dignité de la personne humaine, a pour effet d'obscurcir l'ordre juridique. On assiste ainsi à un débat sans fin qui ne permet pas pour autant d'améliorer concrètement la situation des personnes prostituées.

## II – L'acte prostitutionnel, manifestation de l'autonomie de la volonté ou manifestation d'une atteinte à la dignité de la personne humaine ?

L'acte prostitutionnel est appréhendé différemment selon qu'il est perçu comme la manifestation d'une autonomie de la volonté ou, au contraire, comme la manifestation d'une exploitation sexuelle. L'enjeu est important car selon que l'on privilégie ou nie l'autonomie de la volonté de la personne prostituée, on reconnaît ou, au contraire, on nie la distinction, faite par les réglementaristes, entre une prostitution forcée qui doit être condamnée et une prostitution volontaire qui pour sa part doit être légalisée (A).

Si le fossé entre ces deux courants semble infranchissable, le législateur a néanmoins consacré juridiquement les principes de la non-patrimonialité du corps humain et du respect de la dignité de la personne humaine, privilégiant ainsi l'esprit abolitionniste. En effet, transposés à l'activité prostitutionnelle, ces deux principes

---

[34] V. Daoust, *De la sexualité en démocratie. L'individu libre et ses espaces identitaires*, Paris, PUF, 2005, p. 129 ; M. Iacub, *Le crime était presque sexuel et autres essais de casuistique juridique*, Paris, EPEL, 2002, p. 102 ; G. Fraisse, *Du consentement*, Paris, Seuil, 2007, p. 117.

permettent aux autorités publiques de faire front à la thèse avancée par les réglementaristes en associant la prostitution à une forme d'esclavage moderne (B).

### A. L'acte prostitutionnel appréhendé à la lumière du principe de l'autonomie de la volonté

Selon que l'on adopte une démarche réglementariste ou abolitionniste, l'acte prostitutionnel est tour à tour considéré comme un acte librement consenti ou, au contraire, comme un acte reflétant l'absence de discernement d'un individu qui le réalise nécessairement sous la contrainte. Si à première vue, ces deux conceptions s'opposent, on s'aperçoit néanmoins que pour défendre leur thèse, les partisans du réglementarisme comme de l'abolitionnisme ont recours au même argument : le principe de l'autonomie de la volonté.

En effet, suivant le courant réglementariste, la légalisation de l'activité prostitutionnelle trouve son fondement dans le respect du principe de l'autonomie de la volonté de la personne prostituée[35]. Douée de la capacité à s'autodéterminer et libre de fixer les modalités de l'échange avec le client, la personne prostituée est considérée comme une prestataire de service et doit bénéficier de garanties tenant à l'exercice de son activité au même titre que n'importe quelle autre activité professionnelle.

Un tel raisonnement entre en parfaite contradiction avec le discours abolitionniste des autorités publiques qui refusent d'appréhender l'acte sexuel vénal comme un choix éclairé, exercé sans contrainte par la personne prostituée. En effet, « comment s'assurer que le « je » qui consent est effectivement en état d'énoncer clairement sa volonté et de manifester ainsi son

---

[35] M. Iacub, *op. cit.,* pp. 102-103 et 106. C. Fabre et E. Fassin, *Liberté, égalité, sexualités*, Paris, Belfond, 2003, pp. 182-183. Pour un exposé de cette conception, voir D. Borrillo, « Liberté érotique et exception sexuelle », in D. Borrillo et D. Lochak, (dir.), *La liberté sexuelle*, Paris, PUF, 2005, pp. 55-56 ; G. Fraisse, *op. cit.,* p. 19 et pp. 57-61.

autonomie ? »[36]. Pauvreté, marginalisation et difficulté de se réinsérer au sein de la société, abus sexuels subis dans l'enfance ou l'adolescence, sont au cœur des nombreux témoignages de personnes prostituées[37]. L'ensemble de ces données s'apparente d'autant plus à des contraintes rendant caduque l'autonomie de la volonté de la personne prostituée, lorsque cette dernière est étrangère ou sous la coupe d'un proxénète[38].

Force est de constater que la complexité des débats entre réglementaristes et abolitionnistes tient à la complexité de la caractérisation du consentement. La question se pose de savoir à partir de quand le consentement donné par un individu est considéré comme étant libre ; mais à cette question, il est impossible d'apporter une réponse claire et définitive car, si des personnes sont victimes de la prostitution forcée, on ne peut ignorer l'existence d'individus qui ont véritablement fait le choix de se prostituer, laissant ainsi de côté d'autres alternatives professionnelles[39]. Les instruments permettant d'apprécier

---

[36] M. Marzano, *Je consens, donc je suis…*, Paris, PUF, 2006, p. 13.

[37] D. Derycke, *Les politiques publiques et la prostitution*. Rapport fait au nom de la délégation aux droits des femmes et à l'égalité des chances entre les hommes et les femmes pour l'année 2000, Rapport d'activité n° 209, 2000-2001. Voir également L. Mathieu, *Mobilisations de prostituées,* Paris, Belin, 2001, p. 185 ; V. Dubol, « Je suis une prostituée, tu seras un travailleur du sexe. Une filiation impossible », *Travail, Genre et Sociétés,* n°10, novembre 2003, pp. 132-136 ; S. Pryen, *Stigmate et métier. Une approche sociologique de la prostitution de rue*, Rennes, Presses Universitaires de Rennes, 1999, p. 67 ; J. Mossuz-Lavau et M. Teixeira, « Le vécu des femmes prostituées », in M. E. Handman et J. Mossuz-Lavau (dir.), *op. cit.,* pp. 156-157.

[38] J. Mossuz-Lavau et M. Teixeira, *op. cit.,* p. 169.

[39] *Idem*, p. 163 ; F. Gil, « Sexualité et prostitution », in M. E. Handman et J. Mossuz-Lavau (dir), *op. cit.,* p. 346 ; M. Iacub, *op. cit.,* p. 105 ; I. Arnoux, « Le bois de Vincennes : les camionnettes des « indépendantes » », *Hommes et Libertés*, n°122, avril-mai-juin 2003, p. 52.

l'existence et la lucidité du consentement s'avèrent subjectifs, donc nécessairement discutables[40].

Afin de sortir de cette impasse, les partisans du réglementarisme auraient pu voir en la Cour européenne des droits de l'homme un allié de poids. Dans un arrêt *K.A. et A.D. contre Belgique* du 17 février 2005[41], les juges européens ont en effet choisi de consacrer pleinement le droit de disposer librement de son corps au nom du droit à l'autodétermination personnelle. Certes, cette affaire était relative à la légalité de la répression des pratiques sadomasochistes, mais il est intéressant de transposer la solution prononcée par la Cour à l'activité prostitutionnelle.

À l'occasion de cette affaire, le premier obstacle à franchir pour les juges européens résidait dans le fait de savoir si le choix d'exercer une sexualité violente relevait ou non du libre arbitre de chaque individu. Répondant par l'affirmative à cette question, la Cour européenne des droits de l'homme suivit le raisonnement suivant : « le droit d'entretenir des relations sexuelles découle du droit de disposer de son corps, partie intégrante de la notion d'autonomie personnelle. À cet égard, la faculté pour chacun de mener sa vie comme il l'entend peut également inclure la possibilité de s'adonner à des activités perçues comme étant d'une nature physiquement ou moralement dommageables ou dangereuses pour sa personne. En d'autres termes, la notion d'autonomie personnelle peut s'entendre au sens du droit d'opérer des choix concernant son propre corps »[42].

Transposer la solution européenne à l'exercice de la prostitution suppose d'adopter le raisonnement suivant : le droit d'entretenir

---

[40] J.-P. Marguénaud, in M. Fabre-Magnan, M. Levinet, J. P. Marguénaud et F. Tulkens, « Controverse sur l'autonomie personnelle et la liberté du consentement », *Droits,* avril 2009, p. 40.

[41] Cour EDH, K.A. et A.D. c/ Belgique, 17 février 2005, requêtes n° 42758/98 et 45558/99.

[42] *Ibidem*, considérant 83. Voir également J. P. Marguénaud, « Sadomasochisme et autonomie personnelle » (Cour EDH 1ère section 17 févr. 2005 K.A. et A.D. c/Belgique », RTD Civ, 2005, n° 2, pp. 341-343).

des relations sexuelles découle du droit de disposer de son corps. À cet égard, la faculté pour chacun de mener sa vie sexuelle comme il l'entend peut également inclure la possibilité de s'adonner à des activités perçues comme étant d'une nature physiquement ou moralement dommageable pour la personne, notamment une activité sexuelle vénale même si celle-là consiste à utiliser son corps humain comme un bien mis à la disposition du client en contrepartie d'une rémunération.

Certes, a priori, ce raisonnement n'entre pas en contradiction avec le droit français qui tolère l'exercice de la prostitution ; pourtant, on l'a dit, depuis l'entrée en vigueur de la loi du 18 mars 2003, cette politique de tolérance s'est transformée en politique de répression par le biais de la condamnation pénale du racolage. C'est en ce sens que la transposition de la solution européenne s'avère incompatible avec la politique prostitutionnelle française actuelle. Plus encore, le raisonnement tenu par les juges européens en 2005 pouvait laisser penser que la Cour était prête à consacrer la distinction faite par les réglementaristes entre une prostitution libre au nom du principe de l'autonomie personnelle et une prostitution contrainte devant être condamnée.

Un tel raisonnement ne fut pourtant pas adopté par la Cour européenne des droits de l'homme à l'occasion de l'arrêt *Tremblay contre France* du 11 septembre 2007[43]. La Cour avait été saisie par une requérante française qui se livrait à l'exercice de la prostitution

---

[43] Cour EDH., *Tremblay c/France*, 11 septembre 2007, requête n°37194/02. Il convient de signaler que la Commission européenne des droits de l'homme avait déjà eu à connaître d'un litige relatif à l'exercice de la prostitution. Voir Commission européenne des droits de l'homme, F. c/Suisse, 10 mars 1988, décision n°11680/85. Dans cette affaire, la requérante avait été condamnée par les autorités suisses pour avoir entretenu des relations homosexuelles avec des adultes consentants contre rémunération. Elle invoquait une violation de son droit au respect de la vie privée mais la Commission déclara la requête irrecevable au motif que « les relations sexuelles (...) entreprises contre rémunération et par métier (...) se présentent comme prostitution et ne relèvent pas de la sphère privée de l'individu protégée par l'article 8-1 de la Convention ».

et qui, souhaitant quitter le milieu, reprochait à l'Etat de la contraindre à continuer de se prostituer pour rembourser les arriérés de cotisations d'allocations familiales et des majorations de retard, consécutive à son affiliation au régime des travailleurs indépendants. Confrontée à la qualification de la prostitution au regard de l'article 3 de la Convention, la Cour adopta le raisonnement suivant : « il est manifeste qu'il n'y a pas de consensus européen quant à la qualification de la prostitution en elle-même au regard de l'article 3. (…) C'est en revanche avec la plus grande fermeté que la Cour souligne qu'elle juge la prostitution incompatible avec les droits et la dignité de la personne humaine dès lors qu'elle est contrainte. (…) Il reste que cette question est elle aussi controversée, certains estimant que la prostitution n'est jamais librement consentie mais toujours, au moins, contrainte par les conditions socioéconomiques. (…) La Cour n'entend cependant pas entrer dans un débat dont l'issue n'est pas déterminante en l'espèce (…) »[44]. Force est de constater que la recherche d'un compromis entre les thèses abolitionniste et réglementariste est difficilement envisageable, et la Cour de Strasbourg ne sera susceptible de prendre position que sous réserve de l'existence d'une solution commune aux Etats membres du Conseil de l'Europe[45], ce qui est loin d'être le cas.

Parvenir à imposer le principe de l'autonomie de la volonté en tant que fondement du droit de disposer librement de son corps, représente pourtant un enjeu de taille aux yeux des partisans du réglementarisme car une telle consécration a nécessairement pour effet de passer d'une politique de tolérance à une politique de reconnaissance, en consacrant la professionnalisation de l'activité prostitutionnelle. En effet, les personnes prostituées accéderaient

[44] *Ibid.,* considérants 24 à 26.

[45] Il convient de préciser que le 4 octobre 2007, l'Assemblée parlementaire du Conseil de l'Europe a adopté une recommandation 1815. Il est demandé « aux Etats membres du Conseil de l'Europe de formuler une politique explicite en matière de prostitution. Ils doivent en particulier éviter les normes discriminatoires et les politiques qui érigent en infractions pénales les actions des prostitué(e)s et pénalisent ces dernières/derniers ».

au statut de « travailleuses du sexe » au même titre, par exemple, que les actrices ou acteurs de films pornographiques[46]. Aux yeux des réglementaristes, il est en effet incohérent de stigmatiser la prostitution, sachant que celle-ci est loin d'être la seule activité qui fait de la sexualité, le cœur d'un rapport contractuel marchand ; la prostitution s'inscrit dans un contexte plus général de « macdonaldisation du travail du sexe »[47], c'est-à-dire dans un contexte de marchandisation du sexe au sein de l'économie moderne.

Refusant de se faire complice de la banalisation de la prostitution par le biais de sa professionnalisation, le courant abolitionniste soutient pour sa part que le rapport établi entre la personne prostituée et le client, voire le proxénète, ne peut s'apparenter à un rapport contractuel pouvant être soumis au droit commun des contrats. Adopter un raisonnement opposé reviendrait à légitimer officiellement l'inégalité qui réside au sein de la relation entre la personne prostituée et son client. La dénonciation de ce rapport inégalitaire revient également sous la plume d'un courant féministe pour qui la prostitution doit être perçue comme l'un des derniers vestiges de la domination masculine. La prostitution déshumanise le corps de la femme pour le rabaisser au rang d'objet dépendant économiquement de son client[48]. Partisans

---

[46] V. Daoust, *op. cit.*, p 129.

[47] Formule employée par Saloua Chaker à laquelle fait référence Françoise Guillemaut, « travailleuse, travailleur du sexe (sex worker) », in P. Di Folco, *Dictionnaire de la pornographie*, Paris, PUF, 2005, p. 501. Dans le même sens, voir Ovidie, *Porno Manifesto*, Paris, La Musardine, 2004, p. 46 et pp. 57-58 ; C. Deschamps, « Prostitution », in P. Di Folco, *op. cit.*, p. 386.

[48] M. Marzano, *Je consens, donc je suis…*, *op. cit.*, p. 146 ; R. Poulin, Abolir la prostitution. Manifeste, Montréal, Sysiphe, 2006, p. 64 ; G. Fraisse, *op. cit.*, p. 111 ; H. Hirata, F. Laborie, H. Le Doaré, D. Senotier, *Dictionnaire critique du féminisme*, Paris, PUF, 2004, p. 177 ; L. Mathieu, « Les limites du comparatisme : les analyses féministes face à la prostitution masculine », in D. Welzer-Lang (dir.), *Nouvelles approches des hommes et du masculin*, Toulouse, Presses universitaires du Mirail, 2000, p. 106 ; C. Taraud, *Les Féminismes en questions. Eléments pour une cartographie*, Paris, édition Amsterdam, 2005, pp. 74-75 ; D. Welzer-

de la politique menée par les autorités suédoises, certains auteurs n'hésitent pas à affirmer que rétablir l'égalité entre l'homme et la femme passe nécessairement par une politique d'information et de sensibilisation de la société au regard des nombreuses difficultés rencontrées par les personnes prostituées[49].

Si le fossé creusé entre les réglementaristes et les abolitionnistes se matérialise dans leur conception opposée de l'autonomie de la volonté manifestée ou non par la personne prostituée, il se matérialise également dans leur conception opposée du statut du corps humain. La question se pose de savoir si ce dernier peut faire l'objet d'un commerce juridique marchand.

### B. L'acte prostitutionnel appréhendé à la lumière du principe de la dignité de la personne humaine

Les réglementaristes et les abolitionnistes ont une conception opposée du statut que l'on doit accorder au corps humain. Suivant le courant réglementariste, l'individu doit disposer librement de son corps car il détient un droit de propriété sur son enveloppe

---

Lang, « Commerce du sexe et sexualités récréatives », in J. Marquet (dir.), *Normes et conduites sexuelles. Approches sociologiques et ouvertures disciplinaires*, Belgique, Bruylant, 2004, p. 130 ; P. Tabet, *La construction sociale de l'inégalité des sexes. Des outils et des corps*, Paris, L'Harmattan, 1998, pp. 94-104. A l'opposé, d'autres féministes soutiennent que la prostitution doit être perçue comme une pratique de résistance et de libération sexuelle qui s'oppose aux préceptes moraux traditionnels. Voir notamment V. Daoust, *op. cit.*, p. 131 ; M. Iacub, *op. cit.*, p. 106.

[49] G. Françoise, « Sexualité et prostitution », in M.-E. Handman et J. Mossuz-Lavau (dir.), *La prostitution à Paris*, *op. cit.*, p. 361 et p. 365 ; Mei Hua Chein., « Les désirs sexuels masculins et leurs contradictions : masculinité, style de vie et sexualité. Le cas des clients de prostituées à Taiwan », *Travail, Genre et Sociétés* n°10, novembre 2003, p. 109 ; Mouvement du Nid, « Un sillon à creuser. La prévention », *Prostitution et société,* n°135, octobre-novembre-décembre 2001, pp. 23-24 ; F. Hodan, « Comment faire de l'éducation à la sexualité au collège et au lycée », *Prostitution et société* n°154, juillet-septembre 2006, p. 13.

charnelle[50]. Cette conception du statut du corps humain a été largement empruntée à une tradition juridique et philosophique, notamment cartésienne, qui repose sur une représentation dualiste de deux entités : le corps et la personne. Suivant cette philosophie, le corps ne peut pas s'apparenter à la personne elle-même, car il n'est qu'une machine mise à la disposition de l'homme[51]. Philosophe allemand du XIXème siècle, R. von Ihering soutenait que l'homme doit avoir « un droit sur son corps, de la même façon d'ailleurs qu'il a un droit sur sa vie et sa liberté »[52]. Transposée à la prostitution, cette philosophie suggère de penser le corps de la personne prostituée comme une chose dont elle a la propriété, ce qui implique qu'elle puisse en disposer librement en choisissant notamment de le « louer » en contrepartie d'une rémunération. Les organes sexuels de la personne prostituée s'apparentent à une force de travail dont elle peut disposer librement, au même titre que son cerveau ou ses bras[53].

Fidèles à l'esprit abolitionniste, les autorités publiques entendent quant à elles imposer le respect d'une longue tradition juridique et philosophique française[54] qui met en lumière une

---

[50] J.-P. Baud, *L'affaire de la main volée. Une histoire juridique du corps*, Paris, Editions du Seuil, 1993, pp. 83-86 et pp. 224-226.

[51] Pour plus de précisions, voir l'exposé de cette conception par D. Borrillo, *L'homme propriétaire de lui-même. Le droit face aux représentations populaires et savantes*, Strasbourg, Lettres, 1991, pp. 34-36 et pp. 97-101. M. Marzano, *Penser le corps*, Paris, PUF, 2002, pp. 119-120 et 125. F. Terré et D. Fenouillet, Droit civil. *Les personnes, la famille les incapacités*, Paris, Dalloz, 2005, p. 18 ; I. Arnoux, *Les droits de l'être humain sur son corps*, Bordeaux, Presses universitaires de Bordeaux, 1994, p. 79 ; X. Dijon, *Droit naturel*, tome 1, les questions du droit, Paris, PUF, 1998, pp. 136-137 ; R. Dekkers, « Aspects philosophiques », in *Travaux de l'Association Henri Capitant, Le corps humain et le droit*, Paris, Dalloz, 1977, pp. 1-5. M. Marzano, *Philosophie du corps,* Paris, PUF, « Que sais-je ? », 2007, pp. 15-17.

[52] Propos cités par D. Borrillo, *L'homme propriétaire de lui-même. Le droit face aux représentations populaires et savantes*, *op. cit.,* p. 115.

[53] Ovidie, *Porno Manifesto*, *op. cit.,* pp. 73-75.

[54] Cette longue tradition juridique française s'est largement inspirée d'une doctrine allemande du XIXème siècle, notamment représentée par K. von

représentation moniste des deux entités que sont le corps et la personne. En effet, cette représentation revient constamment sous la plume d'une doctrine contemporaine majoritaire. Parmi ces personnalités, on compte notamment J. Carbonnier qui affirme que « le corps humain est le substratum de la personne. (...) Parce qu'il est la personne elle-même, le corps échappe au monde des objets, au droit des choses même vivantes. Il a, en quelque manière, un caractère sacré »[55]. G. Cornu écrit lui-même que « le corps est tout à la fois, pour un être, le socle et le support de sa santé, de sa vie et de sa liberté »[56]. Le corps étant indissociable de la personne qui l'habite, il bénéficie d'une protection juridique particulière pour ne pas être traité comme n'importe quel objet ou marchandise. Cette protection se matérialise dans le refus de placer le corps humain au

---

Savigny. Voir l'analyse faite par X. Dijon, *Droit naturel*, tome 1, les questions du droit, Paris, PUF, 1998, pp. 135-136. Spinoza, Ethique, Paris, Flammarion, 1965, Proposition XIII, démonstration, p. 84 ; D. Borrillo, *L'homme propriétaire de lui-même. Le droit face aux représentations populaires et savantes du corps*, *op. cit.*, pp. 111-113 ; F. Rigaux, « Les fondements philosophiques des droits de l'homme », RTDH 2007, pp. 325-332.

[55] J. Carbonnier, *Droit civil, 1, Les personnes. Personnalité, incapacités, personnes morales*, Paris, PUF, 2000, pp. 19-20.

[56] G. Cornu, *Droit civil. Introduction, les personnes les biens*, Paris, LGDJ, 2005, p. 234. D'autres auteurs exposent cette conception moniste du corps et de la personne : voir notamment S. Hennette-Vauchez, *Disposer de soi ? Une analyse du discours juridique sur les droits de la personne sur* son corps, Paris, L'Harmattan, 2004, p. 51. Voir également D. Deroussin, « Personnes, choses, corps », in E. Dockès et G. Luilier, *Le corps et ses représentations*, Dijon, Litec, 2001, p. 135 ; R. Andorno, *La distinction juridique entre les personnes et les choses à l'épreuve des procréations artificielles*, Paris, LGDJ, 1996, pp. 93- 94 ; F. Chabas, « Rapport sur le corps humain et les actes juridiques en droit français », in Travaux de l'Association Henri Capitant, *op. cit.*, pp. 226-228 ; V. Daoust, *op. cit.*, p. 129 ; M.-A. Hermitte, « Le corps hors du commerce, hors du marché », *Archives de philosophie du droit*, 1988, pp. 323-346 ; G. Armand, « L'ordre public de protection individuelle », *Revue de la recherche juridique. Droit prospectif*, 2004-3, p. 1584 ; M. Favre-Magnan, « Le domaine de l'autonomie personnelle. Indisponibilité du corps humain et justice sociale », *Dalloz* 2008, Chronique, p. 31.

cœur d'un commerce juridique marchand[57]. D'ordre public, cette règle est consacrée à l'article 16-5 du Code civil qui précise que « les conventions ayant pour effet de conférer une valeur patrimoniale au corps humain, ses éléments ou à ses produits sont nulles ».

Ce raisonnement est aisément transposable à la prostitution : le corps humain étant indissociable de la personne qui l'habite, vendre son corps en échange d'un service sexuel revient à vendre sa propre personne. Le refus de reconnaître officiellement le rapport prostitutionnel comme un rapport contractuel marchand trouve son fondement dans le refus de placer le corps humain au cœur d'une transaction économique qui aurait pour unique but de pallier les problèmes financiers rencontrés par la personne prostituée. Soutenue par les partisans d'un régime abolitionniste de la prostitution, cette thèse suggère que, bien qu'apparemment libre, le consentement de la personne prostituée fasse défaut car cette dernière est animée par la volonté de mettre son corps à disposition du client ou du proxénète en échange d'une rétribution financière. Pour illustrer cette thèse, de nombreux témoignages de personnes prostituées reflètent la réalité de leur quotidien[58]. Parce que ces dernières sont contraintes de vendre leur corps pour survivre financièrement, l'argument avancé par certaines d'entre elles et tendant à faire reconnaître le droit de disposer librement de leur corps de manière absolue, ne peut être retenu par le législateur.

On comprend que dans le cadre de la politique prostitutionnelle française, le droit reconnu à l'individu de disposer librement de son corps s'efface au profit du principe de la non-patrimonialité du corps humain. L'état des personnes est d'ordre public ; le lien établi entre le corps et la personne intéresse directement la

---

[57] Dans un sens contraire, voir B. Lemennicier, « Le corps humain : propriété de l'Etat ou propriété de soi ? » *Droits*, 1991, n° 13, *Biologie, personne et droit*, p. 113.

[58] Voir, à titre d'illustration, le témoignage d'Alexandre, « Ça nous bouffe, comme une maladie », *Prostitution et Société*, n° 135, *op. cit.*, pp. 4-5. Voir également Mouvement du N*id.*, « Enquête sur la prostitution à Paris », *Prostitution et société*, n° 144, janvier-mars 2004, p. 9.

collectivité dans son ensemble, de sorte que la liberté individuelle de disposer librement de son corps cède nécessairement devant l'intérêt général matérialisé dans le respect de l'humanité. Plus précisément, rabaisser la personne qui se prostitue au rang d'objet ou d'instrument au service de la satisfaction des besoins sexuels des clients porte atteinte à une valeur intrinsèque à la notion d'être humain, celle de dignité de la personne humaine[59]. Si l'individu est dépossédé de sa dignité, cela équivaut à rétablir l'esclavage et donc à permettre de nouveau la vente d'un individu réduit au rang de chose disponible et interchangeable ; or « le respect de la dignité commande de ne jamais instrumentaliser la personne humaine : (…) l'un des cas les plus flagrants d'atteinte à cette dignité apparaît-il à beaucoup comme étant celui de la prostitution (…). Pour certains, (…) la personne prostituée (…), par sa décision de se vendre, (…) apparaît comme l'auteur de la dégradation de l'humanité dont elle est porteuse sans en être propriétaire »[60]. L'assimilation de la prostitution à une forme d'esclavage se trouve ainsi profondément ancrée dans le droit français qui applique à la lettre les préceptes kantiens selon lesquels l'individu ne peut pas faire l'objet d'un droit subjectif au profit d'autrui, car il n'est pas un moyen en soi, mais une fin en soi.

Le discours tenu par les courants réglementariste et abolitionniste rend compte du fossé qui les sépare et qui les conduit inéluctablement à « un dialogue de sourds » car on assiste à une véritable confrontation entre deux conceptions diamétralement opposées relatives au statut du corps humain. Comment leur

---

[59] M. Marzano, *Penser le corps*, *op. cit.*, p. 106 ; J. Danet, « Atteinte à la dignité, pénalisation et prostitution », in J. Danet et V. Guienne (dir.), *Action publique et prostitution,* Rennes, Presses universitaires de Rennes, 2006, pp. 58-59 ; G. Armand, *op. cit.*, pp. 1585-1586.

[60] O. Cayla, « Dignité humaine : le plus flou des concepts », *Le Monde,* 31 janvier 2003, p. 14. Dans le même sens, voir M. Marzano, *Penser le corps, op. cit.*, p. 106 ; J. Danet, « Atteinte à la dignité, pénalisation et prostitution », in J. Danet et V. Guienne (dir.), *Action publique et prostitution,* Rennes, Presses universitaires de Rennes, 2006, pp. 58-59 ; G. Armand, *op. cit.*, pp. 1585-1586.

permettre de trouver un terrain d'entente lorsque l'on sait que ce débat n'a pas uniquement lieu entre les partisans ou les détracteurs d'un droit de se prostituer, mais également entre ceux qui sont pour ou contre un droit au suicide, à l'euthanasie ou à la gestation pour autrui ? On prend effectivement conscience que ce problème est bien plus complexe qu'il n'y paraît car en réfléchissant sur la légitimation de la prostitution ou de l'euthanasie, il met en cause l'essence même de la personne douée d'une capacité à agir dans le monde qui l'entoure, par le biais de son corps.

## L'homosexualité devant le juge administratif et les autorités administratives indépendantes

Christine Pauti,
Maître de conférences en droit public
Université Paris I Panthéon-Sorbonne

La protection de l'homosexualité par le droit est récente. Dans une décision n°80-125 du 19 décembre 1980, le Conseil constitutionnel jugeait encore conforme à la Constitution le projet qui allait devenir la loi n°80-1041 du 23 décembre 1980 relative à la répression du viol et de certains attentats aux mœurs qui instituait un traitement discriminatoire fondé sur la seule orientation sexuelle[1]. Les véritables changements interviennent avec l'arrivée de la gauche au pouvoir. Ainsi, pour ne citer que les trois premières mesures marquantes : l'abandon, en juin 1981, par le ministère de la Santé de la classification adoptée par l'Organisation mondiale de la Santé plaçant l'homosexualité parmi les maladies mentales, la loi n° 82-683 du 4 août 1982 mettant fin à la distinction établie par la loi du 23 décembre 1980 entre rapports hétérosexuels et homosexuels, et enfin la suppression par la loi n° 83-634 du 13 juillet 1983 portant droits et obligations des fonctionnaires des exigences de « *bonnes mœurs* » et de « *bonne moralité* », en contradiction naturellement jusqu'à lors avec l'homosexualité. C'est d'ailleurs à la même époque que, par un arrêt *Dudgeon c. Irlande* du 22 octobre 1981, la Cour européenne des droits de l'homme condamne pour la première fois, au titre d'une violation du droit au respect de la vie privée, la pénalisation de l'homosexualité. Passée cette phase de tolérance où ont été effacés du droit français les dispositifs les plus choquants, le droit s'est engagé dans une logique d'égalité conçue comme une lutte contre les discriminations fondées sur l'orientation sexuelle. C'est

---

[1] Seules demeuraient incriminées les relations homosexuelles entre mineurs consentants de 15 à 18 ans et celles entre un majeur et un mineur de plus de 15 ans consentant, mais pas les relations hétérosexuelles du même type.

à partir de 1985 en effet que le droit pénal commence à réprimer les discriminations opérées à raison des mœurs des personnes[2], ce qui incluait implicitement l'homosexualité. Depuis lors, les dispositifs de protection se sont multipliés notamment en droit pénal, en droit du travail et en droit civil[3]. Enfin, la reconnaissance de droits aux couples en union libre, indépendamment de leurs orientations sexuelles, et l'adoption de la loi n°99-944 du 15 novembre 1999 relative au pacte civil de solidarité (PACS) marquent une nouvelle étape vers plus d'égalité. Au vu de ces réformes, si le juge administratif semble *a priori* moins concerné que les juges de l'ordre judiciaire, la simple consultation sur le site de Légifrance des nombreux arrêts des Cours administratives d'appel et du Conseil d'État ayant un lien avec l'homosexualité[4],

---

[2] Motif de prohibition auquel la loi n°2001-1066 du 16 novembre 2001 relative à la lutte contre les discriminations ajoutera explicitement l'orientation sexuelle. Depuis cette même loi, le Code du travail interdit les discriminations à raison de l'orientation sexuelle en matière d'emploi. Aujourd'hui, les mœurs visent davantage des comportements sociaux : la HALDE a par exemple jugé que le refus d'embauche d'une personne au seul motif qu'elle fume ou la subordination de son embauche à une condition liée à l'absence de tabagisme constitue une discrimination en raison de ses mœurs (délibération n°2007-32 du 12 février 2007). Le critère des mœurs « *(...) permet de réprimer les comportements discriminatoires qui seraient déterminés par les mœurs sexuelles de la victime (fréquentation de bar dont la clientèle est majoritairement homosexuelle, de clubs de rencontres, etc.) indépendamment de son orientation sexuelle. Cette notion (...) est susceptible de s'appliquer également au mode de vie, aux habitudes individuelles ou collectives. Exemple : refus d'embaucher une personne dont on sait qu'elle fréquente habituellement un club échangiste » (Guide pratique de lutte contre les discriminations en usage dans la police nationale* visant notamment à préciser les critères énoncés à l'article 225-1 du Code pénal et à l'article L. 122-45 du Code du travail,cité dans le *Rapport annuel de la HALDE* 2007, pp. 62-64).

[3] V. notamment D. Borrillo et T. Formond, *Homosexualité et discriminations en droit privé*, HALDE, La documentation française, Etudes et recherches, 2007, p. 276.

[4] L'étude se fonde exclusivement sur des arrêts des Cours administratives d'appel (CAA) et du Conseil d'État (CE), seuls répertoriés en ce domaine sur le site de Légifrance.

auxquels s'ajoutent les délibérations, décisions ou observations de certaines autorités administratives indépendantes (AAI), témoigne néanmoins de la richesse de cette question. Deux thèmes centraux se dégagent de ces décisions : d'une part, la prise en compte de l'homosexualité de l'étranger menacé de renvoi dans son pays d'origine ; d'autre part, la protection de l'homosexuel, qu'il soit de nationalité française ou étrangère, contre les discriminations en France.

## I – La faible incidence de l'homosexualité de l'étranger menacé de renvoi dans son pays d'origine

Une part importante du contentieux dans lequel le juge administratif examine un moyen en lien avec l'homosexualité du requérant concerne le droit des étrangers. Au sein de cette jurisprudence, l'immense majorité vise des cas de reconduite à la frontière. Pour le reste, il s'agit de la jurisprudence du Conseil d'État statuant en tant que juge de cassation des décisions de l'ancienne Commission des recours des réfugiés (CRR), rebaptisée Cour nationale du droit d'asile en 2007[5].

### A. La prise en compte récente et restrictive des craintes de persécution liées à l'homosexualité du demandeur d'asile

Aux termes de l'article 1er §A, 2 de la Convention de Genève du 28 juillet 1951, la qualité de réfugié est reconnue à toute personne qui « *craignant avec raison d'être persécutée du fait de sa race, de sa religion, de sa nationalité, de son appartenance à un certain groupe social ou de ses opinions politiques, se trouve hors du pays dont elle a la nationalité et qui ne peut, ou du fait de cette crainte, ne veut se réclamer de la protection de ce pays* ». Au lendemain de la guerre, où les homosexuels avaient été victimes de la barbarie nazie, les orientations sexuelles n'ont sans doute pas été absentes de l'esprit des Suédois qui furent à l'origine de l'amendement insérant l'appartenance à un « *groupe social* » dans les motifs de

[5] Art. 29 de la loi n°2007-1631 du 20 nov. 2007 relative à la maîtrise de l'immigration, à l'intégration et à l'asile.

persécution[6]. Néanmoins, pendant longtemps, l'Office français de protection des réfugiés et des apatrides (OFPRA) et la CRR ont refusé d'envisager que le fait d'être homosexuel dans certains pays puisse permettre de revendiquer le statut de réfugié au nom de l'appartenance à un « *groupe social* ».

L'évolution s'est produite à partir de la décision du 23 juin 1997, Ourbih (n°171858), relative à un transsexuel. En l'espèce, le Conseil d'État a cassé pour erreur de droit la décision de la CRR car cette dernière avait estimé « (…) *que les craintes de persécutions alléguées par le requérant ne pouvaient être rattachées à l'appartenance à un groupe social (...), sans rechercher si les éléments qui lui étaient soumis sur la situation des transsexuels en Algérie permettaient de regarder ces derniers comme constituant un groupe dont les membres seraient, en raison des caractéristiques communes qui les définissent aux yeux des autorités et de la société algériennes, susceptibles d'être exposés à des persécutions* ». Pour reconnaître l'existence d'un groupe social, la jurisprudence exige donc non seulement que les membres du groupe aient des caractéristiques communes et identifiables, mais également que ce groupe soit exposé à un risque de persécutions. Cette deuxième condition rend nécessairement relative et contingente l'identification du groupe social. Les homosexuels ne peuvent être considérés comme un « *groupe social* » que dans un pays donné à un moment donné. C'est dans sa décision *Djellal* du 12 mai 1999 que la CRR donne pour la première fois la qualité de réfugié à un homosexuel sur le fondement de l'appartenance à un groupe social. Selon la CRR, « *dans les conditions qui prévalent actuellement en Algérie, les personnes qui revendiquent leur homosexualité et entendent la manifester dans leur comportement extérieur sont de ce fait exposées tant à l'exercice effectif de poursuites judiciaires (...) qu'à des mesures de surveillance policière et à des brimades ; que dans ces conditions les craintes que peut raisonnablement éprouver M. Djellal du fait de son comportement en cas de retour dans son pays doivent être regardées comme résultant de son appartenance à un groupe*

---

[6] Voir à ce sujet D. Alland et C. Teitgen-Colly, *Traité du droit d'asile*, Paris, PUF, coll. Droit fondamental, 2002, pp. 418-419.

*social au sens des dispositions de l'article 1er A 2 [de la Convention de Genève]* »[7]. Par la suite, la CRR, selon une motivation identique quant à l'existence d'un groupe social, a par exemple accordé le statut de réfugié à un homosexuel éthiopien[8], géorgien[9], iranien[10] ou roumain[11] mais a refusé de considérer que les homosexuels gabonais constituaient un groupe social[12]. Si la reconnaissance de l'appartenance à un groupe social est souvent liée à la pénalisation des comportements homosexuels dans le pays d'origine[13], la CRR a également pu reconnaître, par exemple, la qualité de réfugié à un homosexuel russe[14] ou ukrainien[15], pays où l'homosexualité a été dépénalisée.

En revanche, dans deux décisions du 23 août 2006 (n° 272679 et n° 272680), le Conseil d'État a cassé pour erreur de droit la décision de la CRR qui n'avait pas « *recherch[é] si les éléments dont elle disposait sur la situation des homosexuels en Ukraine permettaient de regarder ces derniers comme constituant un groupe [social]* », se bornant à relever que la requérante « *avait été victime, en raison de son orientation sexuelle, d'une part d'agressions physiques et de brutalités policières et d'autre part de harcèlement moral limitant ses possibilités d'accès à un logement*

---

[7] V. aussi CRR, 23 mai 2002, M. K., n° 388492 : reconnaissance du statut de réfugié à un militaire algérien homosexuel et militant.
[8] CRR, 23 juil. 2002, M. H., n 394788.
[9] CRR, 18 janv. 2001, M. K., n° 365931.
[10] CRR, 4 oct. 2000, M. M., n° 330627.
[11] CRR, 3 avr. 2000, M. A., n° 347330.
[12] CRR, 3 juil. 2006, M. B., n° 497803.
[13] CRR, 4 oct. 2000, M. M., n°330627 : « (…) *dans les conditions qui prévalent actuellement en Iran, les personnes qui sont reconnues coupables d'avoir entretenu des relations homosexuelles sont exposées à la condamnation effective à une lourde peine dont celle de flagellation ; que, dans ces conditions, les craintes que peut raisonnablement éprouver M. M. du fait de sa liaison homosexuelle, en cas de retour dans son pays, doivent être regardées comme résultant de son appartenance à un groupe social au sens des stipulations précitées de l'article 1er, A, 2 de la Convention de Genève ; que, dès lors, M. M. est fondé à se prévaloir de la qualité de réfugié* ».
[14] CRR, 21 oct. 2005, M. K., n° 495394.
[15] CRR, 29 juin 2001, M. K., n° 367645.

*ou à un travail* ». En effet, c'est seulement une fois que l'étranger est reconnu, du fait de son homosexualité, comme appartenant à un groupe social particulier, qu'il doit apporter la preuve du risque d'être victime de persécutions personnelles en cas de retour dans son pays d'origine. On peut néanmoins s'inquiéter de la difficulté d'une telle entreprise quand on sait que, dans certains pays, les homosexuels ne peuvent porter plainte[16], ou se font humilier ou maltraiter par les policiers eux-mêmes s'ils portent plainte pour ce motif[17], ou risquent la prison, voire la mort, s'ils s'affichent comme homosexuels… On imagine d'autant mieux les difficultés dans ces pays au vu des discriminations, voire des crimes, subis par des homosexuels en France ou dans d'autres pays proches comme l'Italie.

Signalons enfin que la personne persécutée en raison de son homosexualité, mais qui n'est pas reconnue comme appartenant à un ensemble de personnes circonscrit et suffisamment identifiable pour constituer un groupe social, peut néanmoins se voir reconnaître le bénéfice de la protection subsidiaire[18].

Les craintes de persécution invoquées par le demandeur d'asile peuvent également l'être par l'étranger homosexuel en situation irrégulière sur le territoire français menacé de reconduite à la frontière.

### B. La prise en compte exceptionnelle de l'homosexualité de l'étranger dans l'annulation des décisions de reconduite à la frontière

Depuis le début des années 1990, le juge administratif a pris acte de la jurisprudence de la Cour européenne des droits de l'homme offrant aux étrangers une protection par ricochet notamment au regard des articles 3 et 8 de la Convention

---

[16] CRR, 18 janv. 2001, *M. K.*, n° 365931 : refus d'enregistrer la plainte d'un lieutenant géorgien homosexuel.

[17] Voir par ex. CRR, 29 juin 2001, *M. K.*, n°367645.

[18] Voir par ex. CRR, 25 mars 2005, *Mlle G.*, n° 513547 : homosexuelle moldave ; CRR, 12 mai 2006, *M. S.*, n°555672 : homosexuel de Bosnie-Herzégovine.

européenne de sauvegarde des droits de l'homme et des libertés fondamentales (CEDH). Ces articles sont donc très souvent invoqués par les étrangers frappés d'une mesure de reconduite à la frontière[19].

S'agissant de l'article 3 de la CEDH, le juge administratif exige que l'étranger apporte des preuves quant à « *la réalité des risques [des peines ou traitements inhumains et dégradants] auxquels il serait personnellement exposé* »[20] en cas de retour dans son pays d'origine du fait de son homosexualité. Le juge rejette quasi-systématiquement la requête en l'absence de preuve suffisante, même dans les pays où l'homosexualité peut faire l'objet de poursuites pénales : ainsi, par exemple, en a t-il été décidé à l'encontre de requérants libyen[21], algérien[22], tunisien[23], camerounais[24] ou marocain[25].

S'agissant de l'article 8 de la CEDH, « *l'étranger (...) doit apporter toute justification permettant d'apprécier la réalité et la stabilité de ses liens personnels et familiaux effectifs en France au regard de ceux qu'il a conservés dans son pays d'origine* »[26]. Le fait que le requérant soit « *célibataire et sans enfant* » ou « *sans charge de famille* » entre souvent en ligne de compte pour rejeter la

---

[19] Depuis le 1er janvier 2005, les appels formés contre les jugements des TA statuant en matière de reconduite à la frontière sont portés devant les CAA et non plus devant le CE (décret n° 2004-789 du 29 juil. 2004 relatif au contentieux des arrêtés de reconduite à la frontière).
[20] Formule par exemple utilisée dans CE, 28 avr. 2003, n°245405.
[21] CAA Marseille, 6 janv. 2009, n° 08MA03038.
[22] CAA Lyon, 5 juil. 2006, n° 06LY00530 ; CAA Bordeaux, 22 déc. 2006, n° 06BX02157 ; CAA Paris, 29 déc. 2006, n° 06PA02552 ; CAA Nantes, 3 oct. 2008, n° 07NT02536 ; CAA Versailles, 26 nov. 2009, n° 08VE02386.
[23] CAA Bordeaux, 7 nov. 2006, n° 06BX02126 ; CAA Nancy, 25 sept. 2008, n° 08NC00358.
[24] CAA Paris, 28 mai 2008, n° 07PA02282.
[25] CAA Lyon, 28 déc. 2006, n° 06LY00597 ; CAA Marseille, 3 juil. 2007, n° 06MA01408.
[26] Par ex. CAA Bordeaux, 24 fév. 2009, n° 08BX02212.

requête de l'étranger homosexuel[27]. Néanmoins, étant donné que ni les pays d'origine des étrangers concernés ni la France ne reconnaissent aux homosexuels le droit au mariage ou, en pratique, le droit à l'adoption, cette exigence s'avère difficilement réalisable sauf pour l'étranger homosexuel antérieurement ou parallèlement engagé dans une relation hétérosexuelle, dont serait éventuellement issu un enfant. Le caractère récent de la relation entretenue avec le compagnon ou la courte période de vie commune avec lui sont également souvent retenus par le juge pour rejeter la requête[28], même quand l'étranger a conclu un PACS avec un compagnon français ou résidant régulièrement en France[29], ce contrat ne constituant en effet qu'un des éléments d'appréciation de la situation personnelle de l'étranger au regard de l'article 8 de la CEDH. Semble constituer une « circonstance aggravante »[30] le fait que le PACS « *n'a[it] été signé que postérieurement à la demande de titre de séjour* »[31], voire après les décisions de reconduite à la frontière et de fixation du pays de destination de la mesure de

---

[27] CE, 7 déc. 2005, n° 274731 ; CE, 28 déc. 2005, n° 275789 ; CAA Lyon, 5 juil. 2006, n° 06LY00530 ; CAA Paris, 29 déc. 2006, n° 06PA02579 ; CAA Nantes, 26 mai 2008, n° 07NT03198 ; CAA Nancy, 25 sept. 2008, n° 08NC00358 ; CAA Nantes, 3 oct. 2008, n°07NT02536 ; CAA Nancy, 11 déc. 2008, n° 08NC00940 ; CAA Bordeaux, 24 fév. 2009, n° 08BX02212 ; CAA Bordeaux, 8 sept. 2009, n° 09BX00373.

[28] CAA Bordeaux, 22 déc. 2006, n° 06BX02157 ; CAA Nancy, 25 sept. 2008, n° 08NC00358 ; CAA Marseille, 6 janv. 2009, n° 08MA03038.

[29] CE, 29 juil. 2002, n° 238906 ; CE, 20 déc. 2002, n° 244208 ; CE, 25 juin 2004, n° 250379 ; CAA Paris, 17 janv. 2006, n° 05PA02641 ; CAA Lyon, 28 déc. 2006, n° 06LY00597 ; CAA Nantes, 7 déc. 2007, n° 07NT02129 ; CAA Bordeaux, 21 oct. 2008, n° 08BX00199 ; CAA Bordeaux, 30 nov. 2009, n° 09BX00974.

[30] Cette crainte de « PACS en blanc » s'ajoute à celle, souvent sous-jacente, de « *fraude à la loi* » dont sont suspectés les étrangers. Sur le « *perpétuel soupçon dont l'étranger est l'objet quand il entend exercer un droit* », v. F. Julien-Laferrière, « Étrangers (droit des)», in *Dictionnaire des droits de l'homme*, PUF, 2008, pp. 407-408.

[31] CAA Paris, 28 mai 2008, n° 07PA02282.

reconduite[32]. Néanmoins, par exemple, dans une décision du 28 avril 2000, *Préfet des Alpes-Maritimes c. Maroussitch* (n° 208925), le Conseil d'État a notamment tenu compte de l'ancienneté et de la stabilité du couple formé par l'étranger avec son compagnon français pour annuler un arrêté de reconduite à la frontière au regard de l'article 8 de la CEDH.

Enfin, depuis la loi n° 98-349 du 11 mai 1998 relative à l'entrée et au séjour des étrangers en France et au droit d'asile, ne peut être renvoyé dans son pays d'origine « *l'étranger résidant habituellement en France dont l'état de santé nécessite une prise en charge médicale dont le défaut pourrait entraîner pour lui des conséquences d'une exceptionnelle gravité, sous réserve qu'il ne puisse effectivement bénéficier d'un traitement approprié dans le pays de renvoi* »[33]. Cette disposition, formulée en termes généraux, aurait d'ailleurs pour origine des cas médiatisés d'expulsions d'étrangers malades du SIDA[34]. La jurisprudence est néanmoins stricte. Des juges ont par exemple rejeté les requêtes d'un équatorien et d'un algérien homosexuels en estimant qu'il n'était pas prouvé que le traitement hormonal en vue de leur féminisation suivi en France ne pourrait être poursuivi dans leur pays d'origine[35]. De même, dans un arrêt du 12 janvier 2006 (n° 05MA01648), la Cour administrative d'appel de Marseille a rejeté la requête d'un péruvien séropositif souffrant de complications

---

[32] CE, 19 déc. 2001, n° 236590 ; CE, 19 nov. 2003, n° 244362 ; CAA Paris, 17 janv. 2006, n° 05PA02641 ; CAA Paris, 29 déc. 2006, n° 06PA02579 ; CAA Versailles, 26 nov. 2009, n° 08VE02386.

[33] Art. L. 511-4, 10 du Code de l'entrée et du séjour des étrangers et du droit d'asile.

[34] Rappelé par C. Mecary, *Droit et homosexualité*, Paris, Dalloz-Sirey, 2000, pp. 41-42.

[35] CE, 28 déc. 2005, n° 275789 (Équateur) ; CAA Paris, 29 déc. 2006, n° 06PA02552 (Algérie). V. aussi pour le rejet de requêtes similaires d'un transsexuel algérien (CE, 9 juin 2006, n° 275887), mauritanien (CE, 10 juil. 2006, n° 264960), indonésien (CAA Paris, 3 juil. 2007, n° 07PA00065 et n° 07PA00074). En revanche, un titre de séjour a pu être accordé pour le même motif à certains transsexuels : CAA Paris, 25 mai 2004, n° 03PA03527 ; CAA Paris, 5 mai 2008, n° 06PA00967.

tuberculeuses jugeant qu'il pouvait bénéficier d'un traitement approprié dans son pays d'origine et ajoutant « que la circonstance qu' [il] ne disposerait pas de ressources au Pérou ne suffit pas à établir que ces soins ne pourront pas lui être effectivement assurés ». Il apparaît pourtant choquant de renvoyer un malade étranger dans un pays où il n'aura pas d'accès effectif aux soins requis par son état de santé. La logique de police liée aux politiques migratoires semble ici l'emporter sur le droit fondamental de l'individu à la santé[36]. On note néanmoins un arrêt du 19 février 2009 (n° 07PA04954) dans lequel la Cour administrative d'appel de Paris a confirmé le jugement du Tribunal administratif de Paris ayant, d'une part, annulé l'arrêté préfectoral refusant la délivrance d'un titre de séjour à un homosexuel algérien et l'obligeant à quitter le territoire, et ayant, d'autre part, enjoint au préfet de lui délivrer une carte de résident portant la mention « vie privée et familiale ». Le juge a en effet estimé que l'étranger « *souffr[ait] de troubles anxieux et dépressifs majeurs et d'un syndrome de stress post-traumatique lié aux harcèlements et persécutions dont il a[vait] été victime en Algérie en raison de son orientation sexuelle* » et qu'il ne pouvait bénéficier d'un traitement approprié dans son pays d'origine car, même si l'Algérie disposait de structures de prise en charge de la santé mentale, il ne pouvait être soigné dans le pays où ses troubles psycho-traumatiques trouvaient leur origine.

S'il est finalement admis à demeurer sur le territoire français, l'étranger, doit, comme tout français, être protégé contre d'éventuelles discriminations fondées sur son orientation sexuelle.

---

[36] L'absence d'incidence du défaut d'accès effectif au système de santé dans le pays de retour sera confirmée dans d'autres affaires, ne concernant toutefois pas des homosexuels : CE, 13 févr. 2008, n° 297518 ; Cour européenne des droits de l'homme, 27 mai 2008, N. c. Royaume-Uni, n° 26565/05 : si le départ forcé entraîne une « *réduction significative de l'espérance de vie* » du requérant, cela « *n'est pas en soi suffisant pour emporter violation de l'article 3* » de la CEDH…

## II - La protection de l'homosexuel contre les discriminations en France

L'homosexuel peut subir des discriminations non seulement dans sa vie sociale et professionnelle – discriminations que les AAI s'attachent à prévenir et sanctionner – mais également quand il souhaite fonder une famille en demandant l'agrément administratif pour l'adoption d'un enfant.

### A. Les discriminations fondées sur l'orientation sexuelle devant les autorités administratives indépendantes

Depuis sa création par la loi n° 2004-1486 du 30 décembre 2004, la Haute autorité de lutte contre les discriminations et pour l'égalité (HALDE) n'a été que peu saisie de cas de discriminations subies en raison de l'orientation sexuelle, critère auquel se rattachent le plus souvent les réclamations liées à l'homosexualité et qui constituent la quasi-totalité des cas au sein de cette catégorie. Si le nombre de réclamations a certes globalement augmenté au fil des ans (avec néanmoins un très léger recul en 2009), cette progression est commune à tous les critères de discrimination. Avec une moyenne de 2,4 % du total des réclamations sur les cinq premières années d'activité, ce critère demeure toujours l'un des moins invoqués devant la HALDE. Cependant, certains tests de discrimination, couramment appelés « testings »[37], réalisés, tous critères confondus, par la HALDE dans des domaines tels que le logement, témoignent du décalage pouvant exister entre le nombre de réclamations et la réalité des discriminations subies[38].

En amont, l'action de prévention et d'éducation de la HALDE est d'autant plus importante que l'homosexualité est souvent occultée dans une société où l'idée latente d'une « normalité

---

[37] L'article 45 de la loi n° 2006-396 du 31 mars 2006 pour l'égalité des chances a inséré dans le Code pénal un article 225-3-1 qui consacre la pratique des tests de discrimination.

[38] Étude réalisée, à l'initiative de la HALDE, par l'Institut Médiascopie entre avril et juillet 2006 sur la perception des discriminations (v. Rapport annuel 2006, p. 72).

sexuelle » représentée par le « modèle hétérosexuel » discrimine de fait les personnes homosexuelles ou leur fait craindre de dévoiler leurs différences. Ce type de discriminations est notamment très fort dans le milieu professionnel. Dans une délibération du 17 décembre 2007 (n° 2007-371) relative à la lutte contre les discriminations liées à l'orientation sexuelle dans le milieu du travail, la HALDE recommande aux employeurs publics et privés de mettre en œuvre une politique de formation, de sensibilisation et de protection et des dispositifs d'alerte favorisant le dialogue avec les salariés, afin que les discriminations liées à l'orientation sexuelle soient combattues au même titre que le sexisme ou le racisme par exemple. Par ailleurs, alertée en particulier par différents rapports rappelant les risques accrus de tentatives de suicide chez les jeunes homosexuels[39], la HALDE adresse, dans une délibération du 27 octobre 2008 (n° 2008-218), des recommandations au ministère de l'Éducation nationale et aux éditeurs pour l'élimination dans les manuels scolaires des stéréotypes susceptibles d'alimenter les discriminations. En outre, dans une délibération du 12 janvier 2009 (n° 2009-14), ses recommandations au ministère de l'Éducation nationale, aux associations de lutte contre les discriminations ainsi qu'aux fédérations des parents d'élèves visent à prévenir les discriminations et le harcèlement discriminatoire liés à l'orientation sexuelle au collège et au lycée.

En aval, l'action de conseil et d'assistance de la HALDE au réclamant au moment de la phase d'instruction de la réclamation, s'accorde particulièrement bien avec les discriminations liées à l'orientation sexuelle, pour lesquelles l'individu a peut-être besoin de plus de soutien pour faire valoir ses droits que pour d'autres types de discriminations plus unanimement rejetées. Dans l'un de ses rapports, la HALDE souligne en effet le « *risque d[e] hiérarchisation* » et de « *traitement inégalitaire* » entre les différentes formes de discrimination[40].

[39] V. notamment le Rapport de la Défenseure des enfants de 2007 ainsi que le Plan « Santé des jeunes » de février 2008 du ministère de la Santé.
[40] Rapport 2006, p. 72

Certaines affaires, où la HALDE avait constaté une discrimination fondée sur l'orientation sexuelle, ont pu se régler par une médiation ou un accord préalable entre les parties. Ainsi en a t-il été s'agissant d'hôteliers qui avaient refusé de louer une chambre avec un lit double à deux hommes en couple (délibération n° 2005-91 du 19 décembre 2005), ou dans des cas où des préfets avaient refusé de convier officiellement des associations représentant les déportés homosexuels à des cérémonies de commémoration de la déportation (délibérations n° 2007-126 du 14 mai 2007 et n° 2009-222 du 8 juin 2009).

La HALDE peut aussi présenter ses observations devant les tribunaux si un contentieux est en cours. Quelques affaires récentes démontrent l'efficacité de cette intervention. Ainsi, le 14 février 2008 (n° 07NC00335), la Cour administrative d'appel de Nancy a suivi les observations présentées par la HALDE qui avait estimé, notamment dans une délibération du 14 janvier 2008 (n° 2008-14), que le refus d'octroi d'agrément à une association souhaitant agir en milieu scolaire pour lutter contre l'homophobie constituait une discrimination fondée sur l'orientation sexuelle dans l'accès à une activité bénévole au sens de la directive 2000/78[41]. Par ailleurs, la Cour d'appel de Douai, dans deux arrêts du 18 juin 2009, a condamné un employeur à réparer le préjudice lié au harcèlement moral du salarié en raison de son apparence physique et de son orientation sexuelle, suivant en cela les observations de la HALDE (v. la délibération n° 2007-252 du 1er octobre 2007). De même, dans un jugement du 21 janvier 2010, le Conseil de Prud'hommes de Lille a condamné une association à 10 000 euros de dommages et intérêts pour discrimination à l'encontre de l'un de ses employés. Dans cette affaire, la HALDE avait présenté ses observations à la suite d'une délibération du 14 septembre 2009 (n° 2009-323) où elle avait constaté que la découverte de l'homosexualité du salarié avait été le fait déclencheur du harcèlement moral discriminatoire dont il avait été victime, ayant

---

[41] Agrément prévu par le décret n°92-1200 du 6 novembre 1992 relatif aux relations du ministère chargé de l'Education nationale avec les associations qui prolongent l'action de l'enseignement public. Une affaire du même type a été réglée par médiation (délibération n° 2008-151 du 7 juillet 2008).

entraîné son licenciement.

Enfin, les propositions de la HALDE peuvent aussi aboutir à des modifications législatives. Ainsi, dans une délibération du 20 novembre 2006 (n° 2006-249), la HALDE a recommandé au Gouvernement de permettre à la personne liée par un PACS à un copropriétaire de siéger au Conseil syndical, ce que la loi n° 65-557 du 10 juillet 1965 relative à la copropriété des immeubles bâtis ne réservait qu'aux personnes mariées, et qui s'apparentait, selon la HALDE, à une différence de traitement fondée sur la situation de famille. La réforme préconisée a été adoptée par la loi n° 2009-526 du 12 mai 2009. Par ailleurs, dans une délibération du 30 novembre 2009 (n° 2009-381), la HALDE estime que l'exclusion des couples pacsés du droit à la co-titularité du bail, réservé aux seuls couples mariés par l'article 1751 du Code civil, caractérise l'existence d'une discrimination fondée sur la situation de famille et l'orientation sexuelle. Le Collège recommande donc au Secrétaire d'État chargé du logement et de l'urbanisme de proposer une modification législative.

La HALDE n'est pas la seule AAI à être confrontée à la question de l'homosexualité.

Ainsi, le Conseil supérieur de l'audiovisuel veille à ce que les programmes des services de radio et de télévision ne contiennent aucune incitation à la haine ou à la violence, notamment pour des raisons de mœurs[42]. Dans deux décisions du 7 juin 2005 et du 3 juillet 2007, il a par exemple mis en demeure une chaîne de télévision et une radio qui avaient laissé se tenir des propos homophobes lors d'émissions, de se conformer aux exigences de la loi en ne diffusant plus de tels types de propos.

Dans certaines de ses délibérations, la Commission nationale de l'informatique et des libertés (CNIL) a quant à elle dû rappeler les exigences relatives à la collecte, au traitement et à la conservation d'informations sensibles telles que celles relatives aux comportements homosexuels, notamment à l'adresse de centres départementaux de transfusion sanguine qui étaient accusés d'avoir

---

[42] Art. 15 de la loi n° 86-1067 du 30 sept. 1986 modifiée relative à la liberté de la communication.

fait figurer la mention « *homosexuel* » sur des fiches de donneurs de sang[43] mais aussi dans des enquêtes sur les comportements sexuels et le SIDA. Par ailleurs, la CNIL, après avoir exprimé, dans une délibération du 16 juin 2008 (n° 2008-174), certaines réticences à propos de l'ancien fichier Edvige notamment quant à la collecte des informations relatives à l'orientation sexuelle, a finalement obtenu qu'il ne soit plus possible d'enregistrer des données relatives à la vie sexuelle des personnes dans le fichier relatif à la prévention des atteintes à la sécurité publique et dans celui ayant trait aux enquêtes administratives liées à la sécurité publique créés par décrets n° 2009-1249 et n° 2009-1250 du 16 octobre 2009.

Enfin, il doit être réservé un traitement particulier à un autre type de discrimination subi par les homosexuels et qui intéresse en particulier le droit public : celui de l'agrément à l'adoption d'un enfant.

B. La discrimination pour l'obtention de l'agrément à l'adoption

Les décisions du 9 octobre 1996 (n° 168342) et du 5 juin 2002 (n° 230533), dans lesquelles le Conseil d'État a jugé légaux les refus d'agrément à l'adoption opposés à des personnes homosexuelles, sous prétexte que leurs conditions de vie n'apportaient pas de garanties suffisantes pour accueillir un enfant adopté, vont à contre-courant du principe d'égalité, en introduisant dans les faits une discrimination inexistante dans les textes. Cette jurisprudence ne peut qu'encourager la personne célibataire homosexuelle à dissimuler son homosexualité, comme elle le fait d'ailleurs déjà dans beaucoup d'autres domaines de sa vie en société. En dépit de l'apparente neutralité du juge, les « choix de vie » ou « conditions de vie » – termes notamment utilisés par le Conseil d'État et masquant maladroitement une référence aux orientations sexuelles de l'individu – semblent être déterminants

[43] V. les délibérations du 15 juin 1993 (n° 93-051) et du 7 déc. 1993 (n° 93-110).

pour juger que l'individu ne présente pas des garanties suffisantes sur les plans familial, éducatif et psychologique pour accueillir un enfant adopté. Pourtant, seul pourrait justifier un refus d'agrément le fait que la personne homosexuelle adopte un comportement préjudiciable à l'enfant.

S'agissant de la première décision du Conseil d'État, la Cour européenne des droits de l'homme a décidé, dans un arrêt *M. Fretté c. France* du 26 février 2002, devenu définitif le 26 mai 2002, qu'il n'y avait pas eu violation de l'article 14 de la CEDH, combiné avec l'article 8, en reconnaissant que si le refus d'agrément fondé sur l'homosexualité du demandeur constituait effectivement une différence de traitement fondée sur l'orientation sexuelle, celle-ci n'était pas discriminatoire. La Cour décidait ainsi de laisser une certaine marge d'appréciation aux États en ce domaine. En revanche, en jugeant que « *l'influence de l'homosexualité déclarée de la requérante sur l'appréciation de sa demande est avérée et [qu'elle] a revêtu un caractère décisif* » pour le refus d'agrément, la seconde décision a donné lieu à la condamnation de la France par la Cour européenne des droits de l'homme dans un arrêt de Grande Chambre E.B c. France du 22 janvier 2008, pour différence de traitement non légitime. A la suite de cette condamnation, Mme B. a néanmoins essuyé un second refus du Conseil général du Jura. Dans sa délibération du 5 octobre 2009 (n° 2009-350), la HALDE a alors estimé qu'il s'agissait d'une discrimination fondée sur l'orientation sexuelle, contraire aux articles 8 et 14 de la CEDH, et a décidé de présenter ses observations devant le Tribunal administratif de Besançon. Dans un jugement du 10 novembre 2009, ce tribunal a ordonné au Conseil général du Jura de délivrer l'agrément sous 15 jours avec astreinte de 100 euros par jour de retard. L'agrément a finalement bien été délivré dans le délai prévu.

Espérons que ce jugement marque l'ouverture de la jurisprudence du juge administratif, encore imprégnée de la « norme hétérosexuelle » diffuse dans la société française, vers plus d'égalité en faveur des homosexuels et une universalité effective de la règle de droit, indépendante des orientations sexuelles.

## *Table des matières*

**L'HARMATTAN, ITALIA**
Via Degli Artisti 15 ; 10124 Torino

**L'HARMATTAN HONGRIE**
Könyvesbolt ; Kossuth L. u. 14-16
1053 Budapest

**L'HARMATTAN BURKINA FASO**
Rue 15.167 Route du Pô Patte d'oie
12 BP 226
Ouagadougou 12
(00226) 76 59 79 86

**ESPACE L'HARMATTAN KINSHASA**
Faculté des Sciences Sociales,
Politiques et Administratives
BP243, KIN XI ; Université de Kinshasa

**L'HARMATTAN GUINÉE**
Almamya Rue KA 028
En face du restaurant le cèdre
OKB agency BP 3470 Conakry
(00224) 60 20 85 08
harmattanguinee@yahoo.fr

**L'HARMATTAN CÔTE D'IVOIRE**
M. Etien N'dah Ahmon
Résidence Karl / cité des arts
Abidjan-Cocody 03 BP 1588 Abidjan 03
(00225) 05 77 87 31

**L'HARMATTAN MAURITANIE**
Espace El Kettab du livre francophone
N° 472 avenue Palais des Congrès
BP 316 Nouakchott
(00222) 63 25 980

**L'HARMATTAN CAMEROUN**
BP 11486
(00237) 458 67 00
(00237) 976 61 66
harmattancam@yahoo.fr

574256 - Août 2014
Achevé d'imprimer par

1livre.com
du rêve à la réalité !

www.ingramcontent.com/pod-product-compliance
Lightning Source LLC
LaVergne TN
LVHW021207061026
849535LV00008B/2620
* 9 7 8 2 2 9 6 1 3 1 2 7 9 *